Gospel Light's BIG BOOK OF BIBLE STORY ACTIVITY PAGES #1

AGES 2-5

Help Kids Play, Listen and Talk Through the Bible

- 52 Bible stories in English and Spanish
- Kids color, fold, make and do as they tell the Bible stories
- Perfect for preschoolers

Reproducible!

DAVID C COOK
transforming lives together

THE BIG BOOK OF BIBLE STORY ACTIVITY PAGES #1
Published by David C Cook
4050 Lee Vance Drive
Colorado Springs, CO 80918 U.S.A.

Integrity Music Limited, a Division of David C Cook
Brighton, East Sussex BN1 2RE, England

The graphic circle C logo is a registered trademark of David C Cook.

Guidelines for Photocopying Reproducible Pages: Permission to make photocopies of or to reproduce by any other mechanical or electronic means in whole or in part any designated* page, illustration or activity in this book is granted only to the original purchaser and is intended for noncommercial use within a church or other Christian organization. None of the material in this book, not even those pages with permission to photocopy, may be reproduced for any commercial promotion, advertising or sale of a product or service to share with any other persons, churches or organizations. Sharing of the material in this book with other churches or organizations not owned or controlled by the original purchaser is also prohibited. All rights reserved.

*Pages with the following notation can be legally reproduced:
© 2009 Gospel Light. Permission to photocopy granted to original purchaser only.
The Big Book of Bible Story Activity Pages #1

Scripture quotations are taken from the Holy Bible, New International Version®, NIV®. Copyright © 1973, 1984 by Biblica, Inc.™ Used by permission of Zondervan. All rights reserved worldwide. www.zondervan.com.

ISBN 978-0-8307-5102-0

© 2009 Gospel Light

Developed by Gospel Light.

The Team: William T. Greig, Dr. Elmer L. Towns, Dr. Gary S. Greig, Sheryl Haystead, Debbie Barber, Lisa Key, Mary Davis, Janis Halverson, Annette M. Chavez

Printed in the United States of America

5 6 7 8 9 10 11 12 13 14

How to Use *The Big Book of Bible Story Activity Pages #1*

Welcome to *The Big Book of Bible Story Activity Pages #1*, a learning adventure for the preschoolers in your home or classroom. Your preschooler will be excited to review favorite Bible stories and verses through completing these activity pages.

The 52 Bible story activity pages contained in this book teach Bible stories and verses using skills that preschoolers enjoy using.

How to Use This Book in Your Classroom

Use this book as a fun and meaningful way to review Bible stories and verses.

Every Quarter

At the beginning of the quarter, photocopy and store each lesson's pages in a labeled envelope or folder.

Every Week

Before each class, take out that lesson's page. Become familiar with how the page works. Prepare children's pages if needed by prefolding and then unfolding. When a page requires cutting, depending on the skill level of your class, precut some or all of the cuts.

Tell the story, using a completed page as the illustration. Then invite children to make their own illustration. Before giving children their own pages, demonstrate how to complete the page (cutting, folding, etc.). Seeing your demonstration will provide a visual guide for children.

While children complete their own pages, provide opportunities for children to talk about the scene or action on the page. Let children retell the story action by using the page (moving figures, completing mazes, etc.). Also ask simple specific questions to help children recall the action the page illustrates. For example, begin the story and then ask, "What happened next?" Let a volunteer tell. Involve as many children as possible. In classes where children are just beginning to use words to communicate, suggest a child answer your question by pointing to the appropriate figure on the activity page.

How to Use This Book in Your Home

Use this book with your preschooler to encourage and build your child's spiritual growth as you talk about favorite Bible stories and verses.

Follow these steps for valuable learning and together time.

1. Gather the materials needed for the activity pages.
- For most activity pages, nothing more than crayons or markers is necessary. Scissors, string, tape, glue sticks and/or paper fasteners are needed for some.

2. Keep *The Big Book of Bible Story Activity Pages #1* in a special place.
- Invite your child to tear out and work on one activity page each week.
- Even if your child wants to hurry through the book, encourage your child to only complete one page at a time so that you can take time to review the Bible verse and Bible story presented on each page.
- Keep completed pages in a folder.

3. Review the activity pages together to keep God's Word fresh in your child's life.
- Sit with your child to find and read the activity page Bible story in his or her Bible.
- Read the Bible verse at bedtime. Tell a way you plan to obey the verse. Ask your child to tell, too. Pray together, asking God to help you both obey His Word.
- As your child completes an activity page, look back together at the activity pages he or she has already finished. Review favorite Bible stories and verses.

This Bible learning time at home will create a solid foundation for your child as he or she begins to read the Bible for him- or herself. The time spent on the activity pages and Bible learning will help you and your child build a relationship that will be remembered long after the activity pages are all completed.

Contents

How to Use *The Big Book of Bible Story Activity Pages #1* 3
Getting the Most Out of An Activity Page 7
Activity 1: Jacob and Esau (Genesis 25:19-28) 9
Activity 2: An Unfair Trade (Genesis 25:27-34) 13
Activity 3: Jacob's Tricks (Genesis 27:1-45) 17
Activity 4: Esau Forgives Jacob (Genesis 32:3-21; 33:1-11) 21
Activity 5: Baby in a Basket (Exodus 1:8—2:10) 25
Activity 6: Escape from Egypt (Exodus 12:31-38; 13:20-22) 29
Activity 7: A Path Through the Sea (Exodus 14—15:20) 33
Activity 8: A Desert Surprise (Exodus 15:22-25; 16) 37
Activity 9: Ruth Loves Naomi (Ruth 1—2:23) 41
Activity 10: Hannah's Prayer (1 Samuel 1; 2:18-19) 45
Activity 11: Helping at the Tabernacle (1 Samuel 1:28; 2:11,18-21,26) 49
Activity 12: Samuel Listens and Obeys (1 Samuel 3) 53
Activity 13: Samuel Obeys God (1 Samuel 16:1-13) 57
Activity 14: David Helps His Family (1 Samuel 16:11-12,18; 17:34-35) 61
Activity 15: David Visits His Brothers (1 Samuel 17:12-20) 65
Activity 16: David and Jonathan Are Kind (1 Samuel 16:15-23; 18:1-4; 19:1-7) 69
Activity 17: David and Saul (1 Samuel 26) 73
Activity 18: David and Mephibosheth (1 Samuel 20:14-17,42; 2 Samuel 9) 77
Activity 19: Josiah Reads God's Words (2 Chronicles 34—35:19) 81
Activity 20: Nehemiah Helps Build Walls (Nehemiah 1—2; 4:1-6; 6:15-16; 12:27,43) 85
Activity 21: Jeremiah Obeys (Jeremiah 36) 89
Activity 22: Daniel Obeys God (Daniel 1) 93
Activity 23: The Fiery Furnace (Daniel 3) 97
Activity 24: The Writing on the Wall (Daniel 5) 101
Activity 25: The Lions' Den (Daniel 6) 105

Activity 26: Jonah and the Big Fish (Jonah) 109

Activity 27: Mary Hears Good News (Matthew 1:18-25; Luke 1:26-56)..113

Activity 28: Jesus Is Born (Luke 2:1-7) 117

Activity 29: Angels Tell the News (Luke 2:8-20)...121

Activity 30: Wise Men Give Gifts (Matthew 2:1-12) 125

Activity 31: Jesus Tells of God's Love (Matthew 6:25-34; Luke 12:22-31) 129

Activity 32: Jesus Stops the Storm (Matthew 8:23-27; Mark 4:1,35-41) 133

Activity 33: Jesus Feeds 5,000 (Mark 6:30-44; John 6:1-14) 137

Activity 34: The Greatest of All (Mark 9:33-37; Luke 9:46-48) 141

Activity 35: The Forgiving King (Matthew 18:21-35) 145

Activity 36: The Good Samaritan (Luke 10:25-37) 149

Activity 37: The Good Shepherd (Luke 15:3-7) 153

Activity 38: The Loving Father (Luke 15:11-24) 157

Activity 39: Jesus Heals a Blind Man (John 9:1-11,35-38) 161

Activity 40: People Praise Jesus (Matthew 21:1-11,15,16; Luke 19:28-38) 165

Activity 41: Jesus Dies and Lives Again
(Matthew 26:1-4,47-50; 27:11-66; John 18—20:20) 169

Activity 42: Thomas Sees Jesus (John 20:19-31)...173

Activity 43: Jesus Lives Today
(Matthew 28:16-20; Luke 24:50-53; John 21:1-14; Acts 1:3-11) 177

Activity 44: The Lame Man Walks (Acts 3:1-16) 181

Activity 45: Barnabas Shares (Acts 4:32-37) 185

Activity 46: Food for Widows (Acts 6:1-7) 189

Activity 47: Philip and the Ethiopian (Acts 8:26-40) 193

Activity 48: Paul Meets Jesus (Acts 9:1-20) 197

Activity 49: Paul Escapes in a Basket (Acts 9:20-28) 201

Activity 50: Peter Helps Dorcas (Acts 9:32-43) 205

Activity 51: Peter Escapes from Prison (Acts 12:1-18) 209

Activity 52: Paul Helps a Lame Man (Acts 14:8-20) 213

Curriculum Guide 217

Index 219

Getting the Most Out of An Activity Page

Purpose

Some days, a class of overexcited, rowdy preschoolers can tempt us to plunk down an activity page in front of each one and gratefully take a break. But this resource has great potential for learning if we stay actively involved!

The activity page has a twofold purpose: first, to provide each child with a personalized visual aid to use in reviewing the Bible story; second, to help children think and talk about what the Bible truth means in their daily lives. Not a craft or an art activity, it is an interactive way to reinforce that day's Bible truth.

Participation Tips

How Do Preschoolers Learn?

Young children enjoy the action of the activity pages. And even more, young children learn best as they repeatedly hear and talk about the Bible stories and verses! The activity page provides a fresh way to illustrate and repeat the Bible story, both in class and then at home with family. And with hands and minds busy, children often respond freely and listen eagerly as you guide the conversation. Be sure to use the questions and comments provided on the page.

When Do Preschoolers Need Help?

Try to assist only when a child cannot complete a task. As you get to know the children in your class, you will know which children may need extra help.

If an older child is not interested in doing the activity page, say, "It's OK if you don't want to work on your page right now. But all of us need to sit at the table together." Often, after a few moments, the child will decide that the page is an acceptable activity after all! You may also provide a quiet alternate task, such as drawing on blank paper or looking at books. Send the uncompleted activity page home and suggest that parents may invite the child to work on the page when interest is shown.

© 2009 Gospel Light. Permission to photocopy granted to the original purchaser only. *The Big Book of Bible Story Activity Pages #1*

Some children may make a few marks on the page and announce, "I'm done." While children should never be forced to complete an activity, there are often questions that can be asked to encourage further participation. "Everyone gets to color the flowers a different color. What color are you going to choose?" "Which picture on your page shows the beginning of the story? The end?" Engage the child about the scene or action on the page or invite him or her to retell the Bible story.

Folding and Cutting

To help a child fold his or her own page, hold the page in the proper position. Then tell the child to press and rub where he or she wants the fold.

When a child does his or her own cutting, hold the page taut for him or her.

Taping and Gluing

To simplify tape use, pull off and stick pieces of tape on the edge of the table, rather than handing a child a roll of tape.

Jacob and Esau Genesis 25:19-28

Isaac Prays

Isaac and Rebekah were married. Isaac and Rebekah loved God. For a long time, they had no children. That must have made Isaac and Rebekah sad. Isaac prayed to God. He asked God to give them a baby.

God Answers Prayer

God answered Isaac's prayer. Soon, Rebekah was going to have a baby! Then God told Rebekah she was going to have twins. Isaac and Rebekah were going to have TWO babies!

Two Babies Are Born

Finally, it was time for the babies to be born. The twins were both boys. But they were very different from each other.

The first boy was very red when he was born. He had lots of hair. His name was Esau.

The other baby had smooth skin. He didn't have a lot of hair. His name was Jacob.

Twins Grow Up

As Esau and Jacob grew up, they still were very different. They didn't look like each other. They didn't act like each other.

Esau liked to be outdoors. He loved to hunt with a bow and arrow. Isaac loved his big, strong boy, Esau.

Jacob liked to stay home near the tents where his family lived. He liked to cook. His mother, Rebekah, loved her quiet, helpful boy, Jacob.

Isaac and Rebekah were very happy that God gave them two boys to love.

Conclusion

God made Isaac and Rebekah and their two sons. God made the people in our families, too. God loves the people in our families. We can show God's love to the people in our families.

Jacob y Esaú Génesis 25:19-28

Isaac ora

Isaac y Rebeca estaban casados. Isaac y Rebeca amaban a Dios. Llevaban casados muchos años, pero no tenían hijos. Isaac y Rebeca estaban tristes porque deseaban tener hijos. Isaac oró a Dios, y le pidió que les diera un bebé.

Dios responde a la oración

Dios respondió a la oración de Isaac. Rebeca quedó embarazada. ¡Iba a tener un bebé! Dios le dijo a Rebeca que ella tendría mellizos. ¡Isaac y Rebeca tendrían DOS bebés!

Nacen dos bebés

Por fin llegó el día del nacimiento. Los mellizos eran dos varones, pero eran muy distintos.

El primer varón era pelirrojo cuando nació. Tenía mucho pelo. Lo llamaron Esaú.

El otro bebé tenía la piel suave. Tenía muy poco pelo. Lo llamaron Jacob.

Los mellizos crecen

Esaú y Jacob crecieron, pero seguían siendo muy distintos. No se parecían en nada. No hacían las mismas cosas.

A Esaú le gustaba estar al aire libre. Le encantaba salir a cazar con arcos y flechas. Isaac amaba a Esaú, su hijo grande y fuerte.

A Jacob le gustaba quedarse en casa, cerca de las carpas donde vivía la familia. Le gustaba cocinar. Rebeca, la madre, amaba a Jacob, el hijo tranquilo y colaborador.

Isaac y Rebeca estaban muy felices porque Dios les había dado dos niños a quienes amar.

Conclusión

Dios hizo a Isaac y Rebeca, y a sus dos hijos. Dios también hizo a la gente de nuestra familia. Dios ama a toda nuestra familia. Podemos mostrar el amor de Dios a las personas de nuestra familia.

¿Qué personas formaban esta familia?

¿Qué puedes hacer para mostrar a las personas de tu familia que las amas?

Bible Story Activity 1

"Let us love one another." 1 John 4:7

- Who were the people in this family?
- What can you do to show love to the people in your family?

- Child cuts and folds page to show Esau and then Jacob (see sketch on back of page).

© 2009 Gospel Light. Permission to photocopy granted to the original purchaser only. *The Big Book of Bible Story Activity Pages #1*

Name _____

© 2009 Gospel Light. Permission to photocopy granted to the original purchaser only. *The Big Book of Bible Story Activity Pages #1*

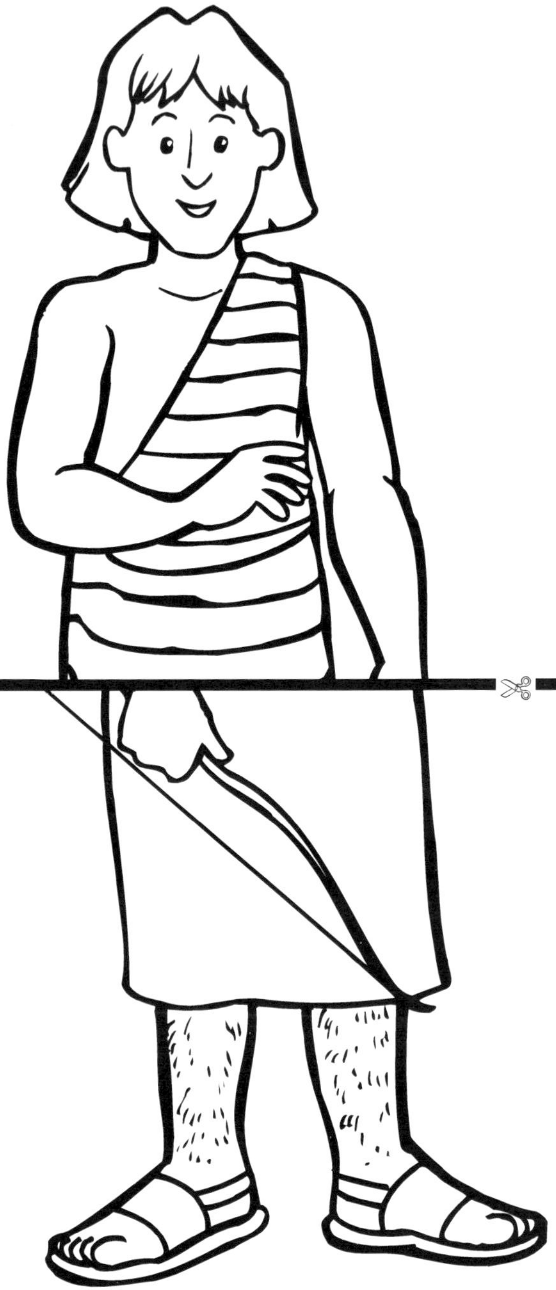

An Unfair Trade Genesis 25:27-34

Two Brothers

Jacob and Esau were brothers. Isaac was their father. Rebekah was their mother. Some brothers look alike. But these brothers were not alike at all!

Esau liked to be outdoors. He liked to hunt with a bow and arrow to find food. Jacob was different from Esau. He did not like to go hunting. He did not like to be outdoors. He liked to cook.

Special Gifts

Esau was born before Jacob. That meant that one day Esau would be the family's leader. He would also be given most of the things his father, Isaac, owned. Jacob would only get half as much as Esau. Jacob wanted to get more.

A Hungry Hunter

The boys grew to be men. One day Esau went hunting and was gone a long time. When he got home, he was tired and very hungry! He could smell good food cooking.

Jacob was stirring a pot of stew. Esau said, "Give me some of that stew!"

Jacob did not want to share his stew. He said to Esau, "I'll give you stew, but first, you have to make me a promise. Promise me that I can be the family's leader."

Esau's Trade

Esau smelled the stew. He was hungry. All he could think about was getting food to eat. He said, "I'm going to die if I don't get some food. You can be the leader of the family. Now give me some stew!" Now Esau would not be the family leader. He would not get more of his father's gifts than Jacob.

Jacob knew the trade was not fair. And Jacob knew he had been unkind to his brother, but he did not care. Jacob did not show love as God wants us to do.

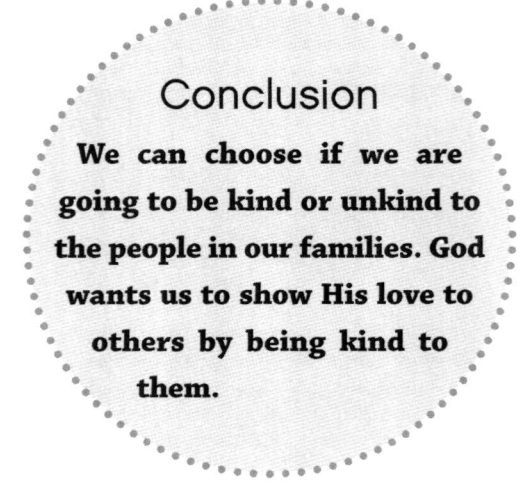

Conclusion

We can choose if we are going to be kind or unkind to the people in our families. God wants us to show His love to others by being kind to them.

Un trato injusto Génesis 25:27-34

Dos hermanos

Jacob y Esaú eran hermanos. Isaac era el papá. Rebeca era la mamá. Algunos hermanos se parecen, pero estos hermanos ¡no se parecían en nada!

A Esaú le gustaba estar al aire libre. Le gustaba cazar con arco y flechas para conseguir comida. Jacob era muy distinto de Esaú. No le gustaba cazar. No le gustaba estar al aire libre. Le gustaba cocinar.

Regalos especiales

Esaú nació primero que Jacob. Eso significaba que un día Esaú sería el jefe de la familia. También se quedaría con casi todas las cosas de su padre, Isaac. Jacob se quedaría con la mitad de lo que le darían a Esaú. Jacob quería quedarse con más.

Un cazador hambriento

Los niños crecieron y se convirtieron en hombres. Un día Esaú salió a cazar; estuvo mucho rato cazando. Cuando regresó a la casa, estaba cansado y ¡tenía mucha hambre! Sintió un olor muy rico a comida.

Jacob estaba preparando un guiso. Esaú le dijo: "Dame un poco de ese guiso".

Jacob no quería convidarlo. Le dijo a Esaú: "Te doy el guiso, pero primero, tienes que hacerme una promesa. Prométeme que yo seré el jefe de la familia".

El trato con Esaú

Esaú sentía el rico olor del guiso. Tenía hambre. Sólo quería comer, y no pensaba en nada más. Dijo: "Me estoy muriendo de hambre. Sí, puedes ser el jefe de la familia. Ahora, ¡dame un poco de ese guiso!" Esaú ya no podría ser el jefe de la familia. No recibiría de su padre más regalos que Jacob.

Jacob sabía que el trato no era justo. Jacob sabía que no había sido bueno con su hermano, pero no le importaba. Jacob no amó como Dios quiere que amemos.

Conclusión

Podemos decidir si vamos a ser buenos o malos con las personas de nuestra familia. Dios quiere que mostremos su amor a los demás siendo buenos con ellos.

Jacob trató mal a su hermano, ¿qué le hizo?

¿Qué puedes hacer para ser bueno con las personas de tu familia?

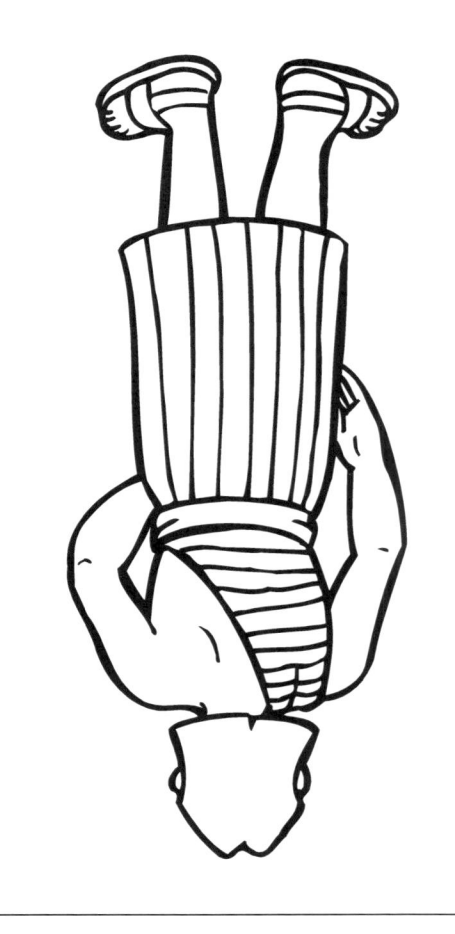

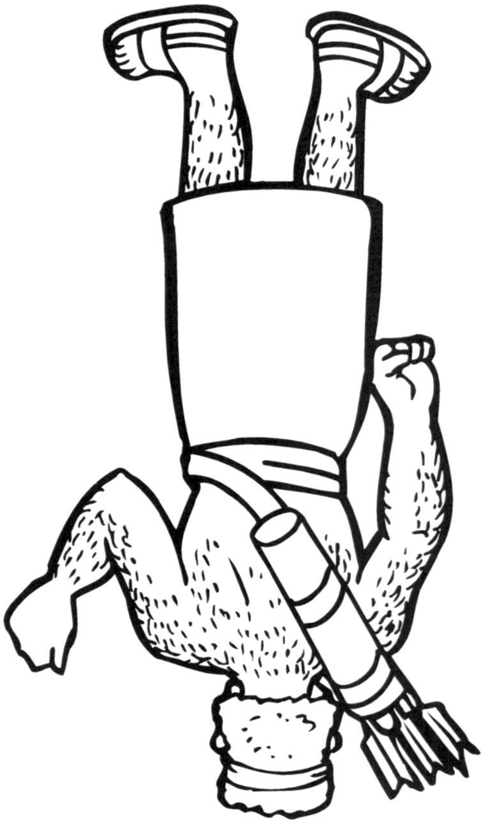

Bible Story Activity 2

Name

Name

"Always try to be kind."
1 Thessalonians 5:15

"Always try to be kind."
1 Thessalonians 5:15

© 2009 Gospel Light. Permission to photocopy granted to the original purchaser only. *The Big Book of Bible Story Activity Pages #1*

15

- Teacher cuts and prefolds page.
- Child colors puppets and then folds puppets.
- Teacher assists child in taping sides of puppets.
- Child places hands into bottom of puppets and uses puppets to act out story.

- **What did Jacob do that was unkind?**
- **What can you do to be kind to the people in your family?**

© 2009 Gospel Light. Permission to photocopy granted to the original purchaser only. *The Big Book of Bible Story Activity Pages #1*

Jacob's Tricks Genesis 27:1-45

Isaac Asks

Jacob and Esau were all grown up now. Their father, Isaac, told Esau, "I am getting old. I want to give you my blessing before I die." (The blessing was a special promise given to the family's new leader.) Isaac wanted Esau to be that new leader. But first, Isaac asked Esau to go hunting and then cook Isaac's favorite food. Esau went out hunting right away!

Rebekah Plans

But Jacob and Esau's mother, Rebekah, wanted Jacob to be the new leader. She told Jacob, "We will get the blessing for YOU while Esau is gone. Do what I say, Jacob."

Isaac was so old that he could not see anything. Rebekah told Jacob to put on Esau's clothes. She put hairy goatskins on Jacob's hands and neck because Esau had a lot of hair. Now that Jacob smelled and felt like Esau, Isaac would think Jacob was Esau! Rebekah made Isaac's favorite meal. She told Jacob to take the food to Isaac. "Pretend to be Esau," she said.

Jacob Lies

Jacob took the food to his father. He then said something that was not true. "It's me, Esau," Jacob said. "I've made your food."

Isaac smelled Esau's clothes that Jacob was wearing. He felt the goatskins on Jacob's hands. The tricks worked. Isaac said, "It sounds like Jacob's voice, but these hands feel like Esau."

Isaac ate and then he asked God to give his son many good things. He asked God to make his son a great leader. He thought he was blessing Esau. But he was really blessing Jacob!

Esau Cries

Soon Esau came home. When Esau found out Jacob had tricked their father, he cried and became so angry, he wanted to hurt Jacob! Jacob had to go away and stay with his uncle. He had to go away for many, many years.

Conclusion

Instead of saying things that are not true, God wants us to tell the truth and be kind to the people in our families. That is a way to show God's love.

Las trampas de Jacob Génesis 27:1-45

Isaac pregunta

Jacob y Esaú ya eran grandes. El padre, Isaac, dijo a Esaú: "Me estoy poniendo viejo. Quiero darte mi bendición antes de morir". (La bendición era una promesa especial para el nuevo jefe de la familia.) Isaac quería que Esaú fuera el nuevo jefe. Pero antes, Isaac le pidió a Esaú que fuera de caza y que luego le preparara su comida favorita. Esaú salió a cazar en seguida.

Los planes de Rebeca

Pero Rebeca, la madre de Jacob y Esaú, quería que Jacob fuera el nuevo jefe. Le dijo a Jacob, "TÚ te quedarás con la bendición mientras Esaú no está. Haz lo que te diga, Jacob".

Isaac era muy viejo y no podía ver nada. Rebeca dijo a Jacob que se pusiera la ropa de Esaú. Cubrió las manos y el cuello de Jacob con piel de cabra porque Esaú tenía mucho pelo. Ahora que Jacob olía y tenía pelo como Esaú, Isaac pensaría que Jacob era Esaú. Rebeca le cocinó a Isaac una comida como a él le gustaba. Le dijo a Jacob que le llevara la comida a Isaac. "Dile que eres Esaú", le dijo.

Jacob miente

Jacob le llevó la comida a su padre. Luego le dijo algo que no era verdad. "Soy yo, Esaú", dijo Jacob. "Te preparé la comida".

Isaac olió la ropa de Esaú que Jacob llevaba puesta. Tocó la piel de cabra que tenía Jacob en las manos. El engaño salió bien. Isaac dijo: "La voz es la de Jacob, pero las manos son las de Esaú".

Isaac comió y luego pidió a Dios que le diera muchas cosas buenas a su hijo. Le pidió a Dios que su hijo fuera un gran jefe. Pensó que estaba bendiciendo a Esaú, cuando en realidad ¡estaba bendiciendo a Jacob!

Esaú llora

Esaú no tardó en regresar a casa. Cuando Esaú se dio cuenta de que Jacob había engañado a su padre, se puso a llorar y se enojó tanto que ¡quería golpear a Jacob! Jacob tuvo que irse y quedarse a vivir con su tío. Se fue a vivir muy lejos por muchos, muchos años.

Conclusión

No digas cosas que no son ciertas. Dios quiere que digamos la verdad y que seamos buenos con las personas de nuestra familia. Es una manera de mostrar el amor de Dios.

¿Qué hizo Jacob para engañar a Isaac? Jacob no fue bueno.

¿Qué puedes hacer para ser bueno? ¿Qué les podrías decir a las personas de tu familia?

Bible Story Activity 3

"Speak the truth to each other."
Zechariah 8:16

Name _____

- What did Jacob do to trick Isaac? Jacob was not kind.
- What can you do to be kind? What kind words can you say to the people in your family?

© 2009 Gospel Light. Permission to photocopy granted to the original purchaser only. *The Big Book of Bible Story Activity Pages #1*

- Teacher cuts off Jacob figure and then rolls page and cuts slit (see sketch).
- Child colors page.
- Child inserts Jacob figure into slit and slides Jacob figure from cooking pot to tent as story is retold.

Esau Forgives Jacob Genesis 32:3-21; 33:1-11

A Brother Runs Away

Jacob and Esau grew up together as brothers. But Jacob tricked their father, Isaac. Jacob got important things that were Esau's. Jacob was afraid Esau would hurt him! Jacob ran away and stayed away for many, many years. Jacob got married and had many children.

One day God told Jacob to go back home. Jacob and his family packed their belongings and got ready for the long trip home.

A Brother Wants to Come Home

Jacob did not want Esau to be angry anymore. So Jacob sent some of his helpers to tell Esau that Jacob wanted to come home.

The helpers came back and told Jacob, "We went to see Esau. He is coming to meet you. He has 400 men with him!"

Jacob was afraid! Four hundred men sounded like an ARMY! Jacob prayed. He asked God to keep him and his family safe.

Jacob decided to send Esau some gifts. First, he sent out a herd of goats. Then he sent out some sheep and camels. He also sent some cattle and donkeys! Jacob thought, *If I send Esau gifts, maybe he won't be angry with me when I meet him.*

Jacob and his family walked far behind the animals. Finally, they could see Esau and his 400 men coming.

A Brother Forgives

Jacob walked ahead of his family. As he walked toward Esau, Jacob bowed low, over and over again, to show he was sorry for the wrong things he had done. Esau began to run toward Jacob. *Oh, NO! Was Esau coming to HURT him?* Jacob worried.

Esau came up to Jacob and grabbed him and hugged him! Esau had forgiven Jacob! Jacob must have been very glad! The two brothers were together again. They both cried and hugged and cried some more. Jacob was HAPPY Esau forgave him! The two brothers were glad to be together again!

Conclusion

Esau and Jacob were kind to each other. Jacob was kind when he bowed to Esau. Esau was kind when he welcomed Jacob back, even though Jacob had been mean. We can be kind to show God's love when others are unkind, too.

Esaú perdona a Jacob Génesis 32:3-21; 33:1-11

Un hermano se escapa

Jacob y Esaú se criaron juntos porque eran hermanos. Pero Jacob engañó a su padre, Isaac. Jacob consiguió cosas importantes que eran de Esaú. Jacob tenía miedo de que Esaú lo golpeara. Jacob se fue de la casa y vivió lejos muchos, muchos años. Jacob se casó y tuvo muchos hijos.

Un día Dios le dijo a Jacob que regresara a su casa. Jacob y su familia juntaron sus pertenencias y se prepararon de una vez para un largo viaje de regreso.

Un hermano quiere regresar a su casa

Jacob no quería que Esaú siguiera enojado. Entonces Jacob mandó a algunos de sus ayudantes a hablar con Esaú, para que le dijeran que Jacob quería regresar.

Cuando los ayudantes regresaron le dijeron a Jacob: "Fuimos a ver a Esaú. Viene en camino para encontrarse contigo. ¡Viene con 400 hombres!"

¡Jacob tuvo miedo! ¿Cuatrocientos hombres? ¡Eso era como un EJÉRCITO! Jacob oró. Pidió a Dios que lo protegiera y que cuidara a su familia.

Jacob decidió enviar unos regalos a Esaú. Primero, le envió una manada de cabras. Después, envió unas ovejas y unos camellos. También le envió vacas y asnos. Jacob pensó: "Con estos regalos que le mando a Esaú, tal vez no esté enojado conmigo cuando nos encontremos".

Jacob y su familia iban caminando detrás de los animales. Finalmente, pudieron ver a Esaú acercándose con sus 400 hombres.

Un hermano perdona

Jacob iba caminando delante de su familia. A medida que Esaú se iba acercando, Jacob se arrodilló, y se inclinó varias veces hasta el suelo, para mostrar que estaba arrepentido de las cosas malas que le había hecho. Esaú corrió a donde estaba Jacob. ¡Ay, NO! ¿Esaú quería GOLPEARLO? Jacob se preguntaba.

Esaú llegó a donde estaba Jacob y ¡le dio un beso y lo abrazó! ¡Esaú había perdonado a Jacob! ¡Qué contento se puso Jacob! Los dos hermanos estaban juntos otra vez. Lloraron y se abrazaron, y lloraron un poco más. Jacob estaba MUY FELIZ porque Esaú lo había perdonado. Los dos hermanos estaban contentos de estar juntos otra vez.

Conclusión

Esaú y Jacob fueron buenos y se trataron bien. Jacob fue bueno cuando se inclinó ante Esaú. Esaú fue bueno cuando recibió y perdonó a Jacob, aunque Jacob no se había portado bien con él. Nosotros también podemos ser buenos y mostrar el amor de Dios cuando otras personas son malas.

¿Qué hizo Jacob para mostrar a Esaú que de veras estaba arrepentido? ¿Qué hizo Esaú para ser bueno con Jacob?

¿Qué puedes hacer tú para ser bueno con otras personas que son malas?

Name _____

"Forgive each other." (See Colossians 3:13.)

Bible Story Activity 4

- Child colors page.
- Child uses finger or crayon to review story and trace path Jacob and animals should use to reach Esau.

- What did Jacob do to show he was sorry for being unkind to Esau? What did Esau do to be kind to Jacob?
- What can you do to be kind when others are unkind?

© 2009 Gospel Light. Permission to photocopy granted to the original purchaser only. *The Big Book of Bible Story Activity Pages #1*

Baby in a Basket Exodus 1:8—2:10

A Baby Is Born

Our Bible tells us about a special family. There were five people in this family. This family had a father, a mother, a big sister, a big brother and a baby brother. The baby's name was Moses.

Moses' family loved him very much. Moses' mother probably said, "We must take good care of our baby." And they did.

Every day they fed baby Moses. Every day they wrapped baby Moses in soft blankets. Every day they played with baby Moses. God planned for Moses to have a family to care for him.

But not everyone wanted to care for Moses. A mean king wanted to hurt Moses. Moses' family must have thought, *How can we keep our baby safe from the mean king?*

God helped Moses' mother plan a way to keep her baby safe.

The Baby Is Hidden

Moses' mother made a special basket. She put soft blankets in the basket. Then she carefully laid Moses in the basket. Moses' mother carried the basket with Moses to the river. She laid the basket on top of the water. Moses' big sister stayed with the basket and watched over Moses.

The Baby Is Found

The king's daughter came to the river. The king's daughter wasn't mean. She was kind. She saw the basket.

When the king's daughter opened the basket, she found Moses crying. She felt sorry for Moses. "This baby needs someone to care for him," she said.

The Baby Is Cared For

Moses' big sister heard this. She went to the king's daughter. "I will go get someone to care for the baby," Moses' big sister said. Then she ran to get Moses' mother.

Moses' mother took good care of him. The king's daughter made sure the mean king did not hurt the baby. Baby Moses' family was glad God had helped them keep their baby safe.

Conclusion

God planned for baby Moses' family—and the princess—to keep the baby safe. God gives people to love and take care of you, too. It's one way God shows how much He cares for us.

Un bebé en una canasta Éxodo 1:8—2:10

Nace un bebé

La Biblia nos relata la historia de una familia especial. La familia estaba formada por cinco personas. Estaba el padre, la madre, la hermana mayor, el hermano mayor y el hermanito bebé. El bebé se llamaba Moisés.

La familia de Moisés lo quería mucho. La madre de Moisés quizá dijo: "Tenemos que cuidar bien a nuestro bebé". Y lo cuidaron mucho.

Todos los días alimentaban al bebé Moisés, lo envolvían en frazadas suaves, y jugaban con él. Dios había previsto que Moisés tuviera una familia que lo cuidara.

Pero no todos querían cuidar a Moisés. Había un rey malo que quería hacerle daño. La familia de Moisés debió pensar: ¿qué podemos hacer para proteger a nuestro bebé de este rey malo?

Dios ayudó a la mamá de Moisés a pensar en un plan para proteger a su bebé.

Esconden al bebé

La mamá de Moisés hizo una canasta especial. Colocó unas frazadas suaves en la canasta, y puso con cuidado a Moisés en ella. La mamá de Moisés lo llevó al río y dejó la canasta flotando en el agua. La hermana mayor de Moisés se quedó vigilando la canasta para cuidar al niño.

Encuentran al bebé

La hija del rey vino al río. La hija del rey no era mala. Era buena. Entonces, vio la canasta.

Cuando la hija del rey abrió la canasta, Moisés estaba llorando. La princesa tuvo lástima de Moisés. "Este bebé necesita que alguien cuide de él", dijo.

Cuidan del bebé

La hermana mayor de Moisés la oyó, y se presentó ante la hija del rey. "Yo puedo conseguir una persona que cuide del bebé", le dijo. Fue corriendo a buscar a la madre de Moisés.

La madre de Moisés lo cuidó bien. La hija del rey se aseguró de que el rey malo no hiciera daño al bebé. La familia de Moisés estaba contenta porque Dios los había ayudado a proteger al bebé.

Conclusión

Dios previó que la familia de Moisés y la princesa pudieran proteger al bebé. Dios también nos da personas que nos aman y nos cuidan. Es una manera en que Dios muestra cuánto nos quiere y nos cuida.

¿Quién cuidó a Moisés?

¿A quién puso Dios en tu vida para cuidarte?

Name _____

"God cares about you." (See 1 Peter 5:7.)

Bible Story Activity 5

Fold up.

- Teacher cuts out basket and Miriam figure and prefolds page.
- Child colors page.
- Child folds and tapes page and then places basket in river.
- Child moves Miriam figure and basket to show story action (see sketch on back of this page).

© 2009 Gospel Light. Permission to photocopy granted to the original purchaser only. *The Big Book of Bible Story Activity Pages #1*

- Who cared for Moses?
- Who did God give to take care of you?

Tape here.

tape

tape

Tape here.

© 2009 Gospel Light. Permission to photocopy granted to the original purchaser only. *The Big Book of Bible Story Activity Pages #1*

Escape from Egypt Exodus 12:31-38; 13:20-22

A Long Trip

Our Bible tells about some of God's people who went on a long, long trip. God wanted His people to go to a new home far away. God told Moses to be the leader. God said, "I will be with you."

The People Leave

How excited the people were! "We will need food to eat," they said. So moms cooked special food to take on the trip.

"And we will need water to drink," they said. So boys and girls filled water bags.

"What will we wear and where will we sleep?" they asked. So grandmas tied clothes and blankets into big bundles.

"And what about all our animals?" they asked. So dads got the sheep, goats, cows and donkeys ready to go.

Soon it was time to start on the long, long trip. Moses told the people, "God will take care of us. God will lead us and show us the way."

God Leads the People

God showed the people where to go in a special way! During the day, God put a big white cloud in the sky. The people followed the cloud. During the night, God put fire in the sky. It gave the people light in the dark night.

Moms and dads, aunts and uncles, grandmas and grandpas walked—step, step, step—down the road.

Boys and girls walked—steppety-step, steppety-step—down the road.

Sheep, goats, cows and donkeys walked—clippety-clop, clippety-clop—down the road.

The people were glad they were going to a new home. They were glad to see the big white cloud during the day. They were glad to see the fire at night. The people knew that God was with them. They knew God was taking care of them on their long, long trip.

Conclusion

God showed He was with His people and caring for them on their long trip. God is with us and cares for us, too, no matter where we go. God promises us that He will be with us wherever we go.

Huída de Egipto   Éxodo 12:31-38; 13:20-22

Un viaje muy largo

La Biblia nos cuenta cómo parte del pueblo de Dios hizo un viaje muy, muy largo. Dios quería que su pueblo tuviera un nuevo hogar en un lugar muy lejos. Dios le dijo a Moisés que fuera el jefe, y Dios le dijo: "Yo estaré contigo".

La gente se va

¡Qué nervios! ¡Qué emoción! "Necesitamos llevar comida", dijeron. Las mamás entonces prepararon comida especial para llevar en el viaje.

"Necesitamos llevar agua", dijeron. Entonces, los niños y las niñas llenaron las bolsas de agua.

"¿Qué ropa nos pondremos? ¿Dónde vamos a dormir?" —preguntaron. Las abuelas entonces armaron bolsas enormes con la ropa y las frazadas.

"¿Qué va a pasar con todos nuestros animales?" —se dijeron. Los papás entonces prepararon de una vez las ovejas, las cabras, las vacas, y los burritos para el viaje.

Pronto llegó el momento de iniciar el viaje largo, muy largo. Moisés dijo a la gente: "Dios cuidará de nosotros. Él nos guiará y nos mostrará el camino".

Dios guía al pueblo

Dios mostró por dónde ir, pero ¡se lo mostró de una manera especial! Durante el día, Dios puso una gran nube blanca en el cielo. La gente seguía a la nube. Durante la noche, Dios puso un fuego en el cielo, que alumbraba a la gente en la oscuridad.

Las mamás y los papás, las tías y los tíos, las abuelas y los abuelos se pusieron a caminar: un paso, y otro paso, un paso, y otro paso,...

Los niños y las niñas iban por el camino: un pasito y otro pasito; un paso, y otro paso.

Las ovejas, las cabras, las vacas, y los burritos caminaban: clop-ti, clop, clop-ti clop... iban por el camino.

La gente estaba contenta porque iban hacia un nuevo hogar. Estaban alegres de ver la gran nube blanca de día. Estaban felices de ver el fuego de noche. La gente sabía que Dios estaba con ellos. Sabían que Dios cuidaba de ellos en este viaje muy, muy largo.

Conclusión

Durante el largo viaje Dios mostró que estaba con su pueblo y que cuidaba de ellos. Dios también nos cuida y nos acompaña a todo lugar donde vayamos. Dios promete estar con nosotros en todas partes y acompañarnos.

¿Cómo mostró Dios que estaba con su pueblo en el desierto?

**¿A dónde vas todos los días?
¿Cómo cuida Dios de ti?**

Bible Story
Activity 6

Name _____

"God said, 'I am with you and will watch over you wherever you go.'"
(See Genesis 28:15.)

fold

- How did God show He was with His people in the desert?
- Where do you go each day? How does God care for you?

- Child colors both sides of page.
- Child folds page on dotted line to show story action.

© 2009 Gospel Light. Permission to photocopy granted to the original purchaser only. *The Big Book of Bible Story Activity Pages #1*

fold

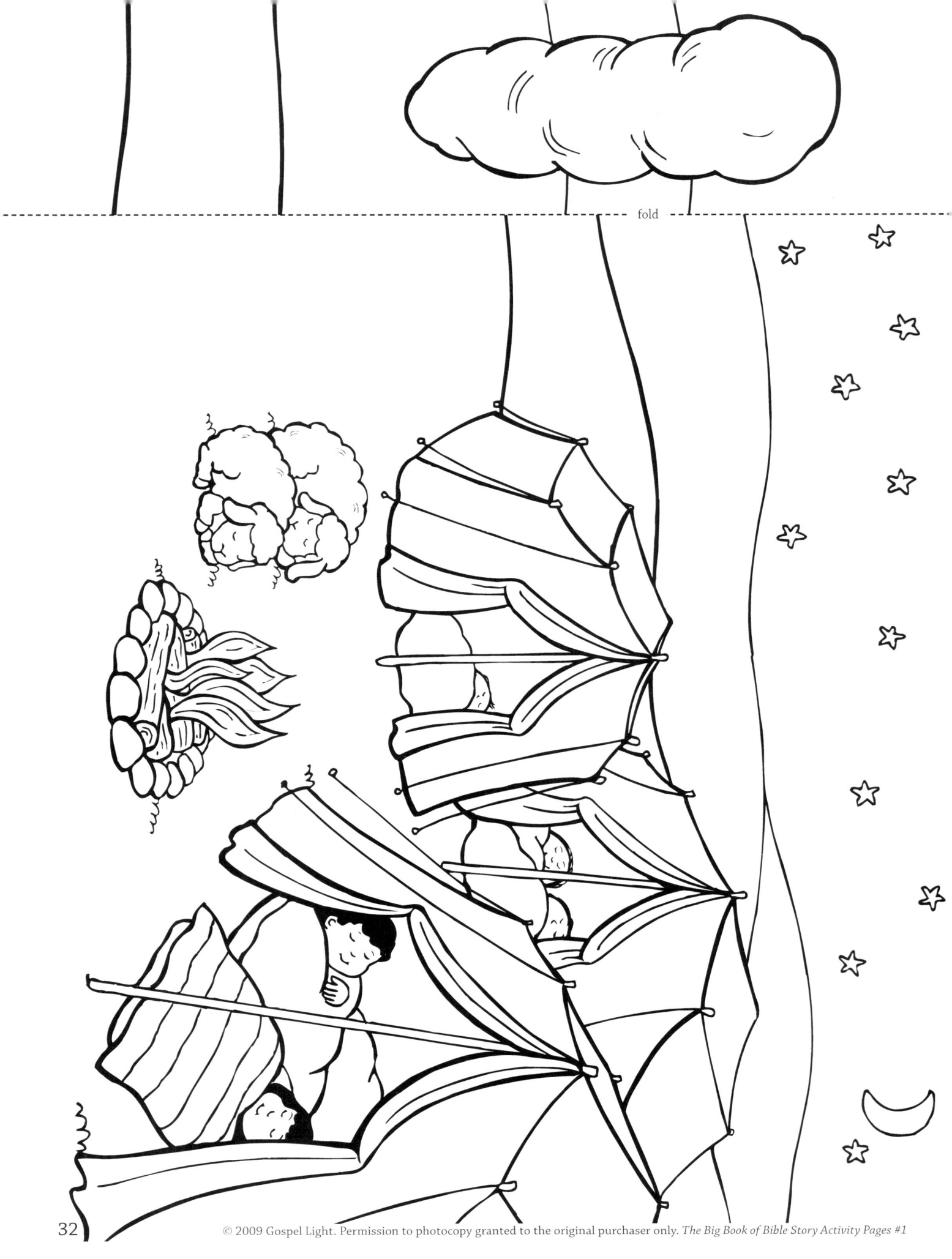

32 © 2009 Gospel Light. Permission to photocopy granted to the original purchaser only. *The Big Book of Bible Story Activity Pages #1*

A Path Through the Sea Exodus 14—15:20

A Long Trip

God's people were on a long trip. God told Moses where to go and where to stop. The people walked and walked and walked. Steppety-step, steppety-step. And the animals also walked and walked and walked. Clippety-clop, clippety-clop. God's people were going to a new home far away.

Stopping at the Sea

The people kept walking until they came to a sea. There was lots and lots of water. There were no boats to ride in. There was no bridge to walk across. There was no way to go around the water.

God told the people, "Camp here by the sea." The people put up their tents and settled down to rest from their long walk. But how could they get past all that water? What would happen to them now?

Moses told the people, "God will take care of us."

Crossing the Sea

God told Moses to hold his hand up over the water. Then God sent a great big wind to blow the water out of the way. O-o-o! How the wind blew! O-o-o! The wind blew some of the water to one side. O-o-o! The wind blew some of the water to the other side.

Right in the middle of the water was a dry path for the people and animals to walk on. They walked all the way to the other side without even getting their feet wet.

Safe and Thankful

Then God told Moses to hold his hand over the water again. The wind stopped. All the water splashed together again and covered up the dry path.

The people were very happy that God had helped them. They sang songs to God, thanking Him for keeping them safe.

Conclusion

God showed how much He loved His people by keeping them safe. God's people were so glad that they thanked God by singing songs. We can thank God, too, because He cares for us.

El pasaje por el mar Éxodo 14—15:20

Un viaje muy largo

El pueblo de Dios se puso a caminar; el viaje era muy largo. Dios le dijo a Moisés dónde ir y cuándo detenerse. La gente caminaba y caminaba y caminaba. Un pasito, y otro pasito; un paso, y otro paso. Los animales también caminaban y caminaban y caminaban. Clop, clop, clop-ti clop. El pueblo de Dios marchaba a un nuevo hogar en un lugar muy lejano.

Llegan al mar

La gente caminó y caminó hasta que llegaron a un mar. Había mucha, mucha agua. No había ningún bote para cruzar el mar. Tampoco había ningún puente. No había manera de cruzar el mar.

Dios les dijo: "Acampen aquí, junto al mar". La gente armó las carpas y se sentaron a descansar de la larga caminata. Pero, ¿cómo iban a hacer para cruzar ese mar? ¿Qué les pasaría ahora?

Moisés les dijo: "Dios cuidará de nosotros".

Cruzan el mar

Dios le dijo a Moisés que extendiera su mano sobre el mar. Entonces Dios envió un fuerte viento y las aguas del mar se separaron. ¡Uuuh! ¡Cómo sopló ese viento! ¡Uuuh! El viento separó parte del agua hacia un lado. ¡Uuuh! El viento separó parte del agua hacia el otro lado.

En el medio mismo del mar quedó un camino seco por donde podían pasar la gente y los animales. Cruzaron hasta el otro lado y no se mojaron ni siquiera los pies.

A salvo y agradecidos

Dios le dijo a Moisés que volviera a extender su mano sobre el agua. El viento dejó de soplar. Toda el agua se volvió a juntar y cubrió el camino seco.

La gente estaba muy contenta porque Dios los había ayudado. Cantaron canciones a Dios, agradeciéndole por haberlos protegido.

Conclusión

Dios mostró cuánto amaba a su pueblo al protegerlo. El pueblo de Dios estaba muy contento y expresaron su agradecimiento cantándole. Nosotros también podemos agradecer a Dios, porque Él cuida de nosotros.

¿Qué hizo Dios para ayudar a su pueblo a cruzar el mar?

Podemos decir: "Gracias, Dios, por ayudarnos".

Bible Story Activity 7

Name _____

"I thank and praise you, O God."
Daniel 2:23

- Teacher cuts and prefolds page.
- Child folds and colors page.
- Child uses page to retell story action.

✂ ---------------------------------

fold

- What did God do to help His people cross the sea?
- We can say "Thank You, God, for helping us."

© 2009 Gospel Light. Permission to photocopy granted to the original purchaser only. *The Big Book of Bible Story Activity Pages #1*

36

A Desert Surprise Exodus 15:22-25; 16

A Hot Desert

God's people and their animals were on a long trip. They walked through the desert. The desert is a hot place. There are not many trees for shade. There is not much water to drink. But there is a lot of hot sand. God's people walked across the hot, hot sand. Step, step, step.

For three days, God's people found no water. "We are thirsty!" said the boys and girls and the moms and the dads.

Then someone shouted, "Water!" They saw beautiful, cool water. The people ran to the water. They took big drinks. Yuk! The water tasted bad!

"We can't drink this water," the people said. "Where will we get good water?" they asked Moses.

Good Water

Moses asked God what to do. God told Moses to throw a special piece of wood into the water. Moses did, and God made the water taste good. Everyone drank the good-tasting water.

God's people had brought food with them from their old home. That food was almost gone. There were no stores to buy more food. "We're hungry," the people said. "What shall we eat?" the people asked Moses. Again Moses talked to God.

God Gives Food

That night God sent many birds to the people's camp. Now the people had plenty of meat to eat. They were happy.

But God gave them even more. The next morning the ground was covered with little white flakes. "What is it?" the people asked.

"This is the bread God sent," Moses said. The people picked up the bread and tasted it. It was good.

God cared for His people. The people thanked God for His gifts of food and water.

Conclusion

God took care of His people by giving them food and water in the desert. God loves and cares for us, too, by giving us the food and water we need. God is so good!

Una sorpresa en el desierto Éxodo 15:22-25; 16

El calor del desierto

El pueblo de Dios y sus animales tenían que hacer un viaje muy largo, y atravesar el desierto. En el desierto hace mucho calor. No hay muchos árboles que den sombra. Tampoco hay mucha agua. Lo que sí hay es mucha, mucha arena. El pueblo de Dios caminó por la arena caliente. Un paso y otro paso, un paso y otro paso…

Caminaron tres días y no pudieron encontrar agua. "¡Tenemos sed!", dijeron los niños y las niñas, y las mamás y los papás.

Entonces alguien gritó: "¡Agua!" Era un agua fresca y hermosa. Corrieron a donde estaba el agua, y bebieron con muchas ganas. ¡Qué asco! ¡Esta agua es amarga!

"No podemos tomar esta agua", dijeron. "¿Dónde habrá agua dulce?", preguntaron a Moisés.

El agua dulce

Moisés pidió instrucciones a Dios. El Señor dijo a Moisés que echara una madera especial al agua. Moisés lo hizo, y Dios hizo que el agua fuera rica. Todos bebieron del agua rica.

El pueblo de Dios había traído comida para el viaje, pero ya les quedaba muy poca. No había tiendas donde comprar más comida. "Tenemos hambre", dijeron. "¿Qué vamos a comer?", preguntó la gente a Moisés. Otra vez, Moisés habló con Dios

Dios les da comida

Esa noche Dios envió muchas aves al campamento. Ahora tendrían suficiente carne para comer. Estaban contentos.

Pero Dios todavía les dio más. A la mañana siguiente, el suelo estaba cubierto de unos pequeños copos blancos. "¿Qué es esto?", preguntó la gente.

"Es el pan que Dios nos envía", dijo Moisés. La gente recogió el pan y lo probó. Sabía bueno.

Dios cuidó a su pueblo. El pueblo agradeció a Dios el agua y la comida que les regaló.

Conclusión

Dios cuidó a su pueblo y les dio agua y comida en el desierto. Dios también nos ama y cuida de nosotros, y nos da el agua y la comida que necesitamos. ¡Dios es bueno!

¿Cómo mostró Dios el amor a su pueblo cuando tuvieron hambre y sed?

¿Qué clase de alimentos te da Dios para que comas?

Bible Story Activity 8

Name _____

"Lord, you are good to us."
(See Psalm 86:5.)

Start

- How did God show love to His people when they were hungry and thirsty?
- What kinds of foods does God give you to eat?

- Child colors page.
- Child cuts out and folds figures.
- Child walks figures along path.

© 2009 Gospel Light. Permission to photocopy granted to the original purchaser only. *The Big Book of Bible Story Activity Pages #1*

39

Ruth Loves Naomi Ruth 1—2:23

Workers Cut Grain

Ruth and Naomi did not have any money to buy food. They were hungry, so Ruth went to find some food.

Ruth went to a field where workers were cutting barley. Barley is used to make bread. The workers tied the barley into bunches. Some of the barley fell on the ground. People who did not have enough food to eat picked up the grain.

Ruth Picks Up Grain

Ruth asked one of the workers if she could pick up some of the barley from the ground. He said, "Yes." So Ruth picked up the barley and put it into her basket. She worked and worked.

Boaz Is Kind

A man named Boaz owned the field. He saw Ruth working hard. Boaz told Ruth, "You may pick up all the leftover barley you can find in my field. And when you are thirsty, you may drink from our water jars." Boaz was kind to Ruth.

Later that day, Boaz shared his lunch with Ruth. She saved some of the good food to take home to Naomi. Then Ruth went back to work. She picked up all the barley she could carry in her basket. When it got dark, she went home.

Ruth and Naomi Are Glad

Naomi was surprised that Ruth brought home so much barley. There was enough to make many loaves of bread. Ruth also gave Naomi the food she had saved for her. Naomi was glad that Ruth was kind to her. She was glad that Boaz was kind, too.

Every day, Ruth went to Boaz's field. She picked up the barley she found. And every day, Naomi and Ruth had enough food to eat.

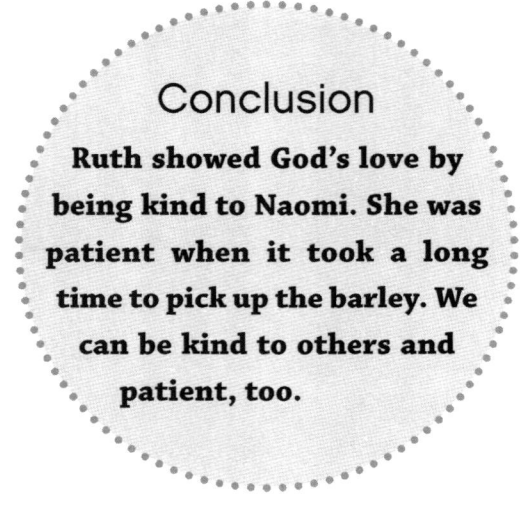

Conclusion

Ruth showed God's love by being kind to Naomi. She was patient when it took a long time to pick up the barley. We can be kind to others and patient, too.

Rut ama a Noemí Rut 1—2:23

Los segadores de granos

Rut y Noemí no tenían dinero para comprar comida. Como tenían hambre, Rut fue a buscar algo para comer.

Rut fue a un campo donde había trabajadores cortando las espigas de cebada. La cebada es un grano que sirve para hacer pan. Los trabajadores cortaban las espigas y las ataban en un manojo. Algunos granos de cebada se caían al suelo. La gente que no tenía suficiente comida recogía estos granos del suelo.

Rut recoge granos

Rut pidió permiso a uno de los trabajadores para recoger la cebada del suelo. "Sí", le dijo. Rut entonces recogió la cebada y la guardó en su canasta. Trabajaba y trabajaba.

Booz es bueno

El dueño del campo se llamaba Booz. Se dio cuenta de que Rut trabajaba mucho. Booz le dijo a Rut: "Puedes recoger toda la cebada caída que encuentres en mi campo. Y si tienes sed, puedes beber del agua de nuestras jarras". Booz fue bueno con Rut.

Cuando llegó la hora de almorzar, Booz compartió su comida con Rut. Ella guardó un poco de la comida para llevársela a Noemí. Luego Rut volvió a trabajar. Recogió toda la cebada que pudo llevar en su canasta. Cuando llegó la noche, regresó a su casa.

Rut y Noemí se alegran

Noemí se sorprendió de toda la cebada que Rut había traído. Tenía suficiente para hacer muchos panes. Rut también dio a Noemí la comida que había guardado para ella. Noemí se alegró de que Rut fuera buena con ella. También se alegró de que Booz fuera bueno.

Rut iba todos los días al campo de Booz. Recogía la cebada que encontraba caída. Noemí y Rut tuvieron suficiente comida todos los días.

Conclusión

Rut mostró el amor de Dios siendo buena con Noemí. Fue paciente, porque recoger la cebada era mucho trabajo y se demoraba mucho. Nosotros también podemos ser buenos y pacientes con los demás.

¿Qué hizo Rut para ser buena y mostrar a Noemí que la quería?

¿Qué puedes hacer para ser bueno con tu familia y tus amigos?

Bible Story Activity 9
Scene 1

Name _____

- Child colors page.
- Child cuts off Ruth figure and pushes paper fastener through X's to fasten figure together.
- Child retells story by moving Ruth figure up and down to pick up barley in Scene 1 and then showing Scene 2.

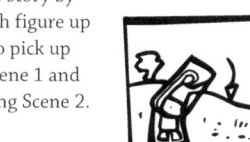

© 2009 Gospel Light. Permission to photocopy granted to the original purchaser only. *The Big Book of Bible Story Activity Pages #1*

43

"Love is patient, love is kind." 1 Corinthians 13:4

- What did Ruth do to be kind and show love to Naomi?
- What can you do to be kind to your family and friends?

© 2009 Gospel Light. Permission to photocopy granted to the original purchaser only. *The Big Book of Bible Story Activity Pages #1*

Scene 2

44

Hannah's Prayer 1 Samuel 1; 2:18-19

Hannah Is Sad

Hannah and her husband, Elkanah, loved each other very much. They also loved God very much. They were happy, except for one thing—they had no children. That made Hannah feel very sad.

Hannah and Elkanah went to a special place to worship God. The special place was called the Tabernacle. At the Tabernacle, Hannah prayed to God. "Dear God," she prayed, "please give me a baby boy. When he is old enough, I will bring him to the Tabernacle to be Your helper."

Hannah's Prayer

A man named Eli lived at the Tabernacle. He prayed to God and taught others about God. Eli saw Hannah praying. "I pray God gives you what you ask," Eli told Hannah. Hannah was no longer sad. Now she smiled! Then Hannah and Elkanah went home again.

After many, many days, a baby boy was born to Hannah. This was the baby boy she had prayed for. Hannah named the baby Samuel.

Samuel Grows

Every day Samuel grew taller and stronger. Hannah took good care of little Samuel. She cooked good food for him to eat. She made clothes for him to wear. And best of all, Hannah taught little Samuel about God.

Hannah remembered her promise to God. "When the boy is old enough, I will take him to the Tabernacle," Hannah told Elkanah.

Finally, the day came when Samuel was big enough. He was ready now to go to the Tabernacle. Hannah, Elkanah and Samuel went to the Tabernacle. Samuel stayed there with Eli to learn to be God's helper, just as his mother Hannah had promised.

Samuel's Coat

Every year Samuel's mother made a special new coat for him. And every year she had to make a bigger coat! Do you know why? Because Samuel GREW, just like you do. And as he grew a little taller and a little stronger, Samuel also grew to love God more!

Conclusion

Hannah loved God. That's why she prayed to Him. We can talk to God to show our love for Him, too. Every day we can pray to God. We can tell Him that we love Him.

La oración de Ana 1 Samuel 1; 2:18-19

Ana está triste

Ana y su esposo, Elcana, se querían mucho. También amaban mucho a Dios. Eran muy felices, pero les faltaba algo… no tenían hijos. Por eso Ana se sentía muy triste.

Ana y Elcana fueron a un lugar especial para adorar a Dios. Ese lugar especial se llamaba el Tabernáculo. Allí Ana oró a Dios: "Querido Señor, quiero tener un hijo varón. Cuando tenga unos años, yo lo traeré al Tabernáculo para que sea tu ayudante".

La oración de Ana

En el Tabernáculo vivía un hombre llamado Elí. Este hombre oraba a Dios y enseñaba a la gente acerca de Dios. Elí vio que Ana estaba orando. "Que Dios te conceda lo que pediste", dijo Elí a Ana. Ella ya no estaba triste. ¡Qué sonrisa tenía! Ana y Elcana regresaron a su casa.

Pasaron muchos, muchos días, y Ana tuvo un hijo varón. Era el hijo que le había pedido a Dios. Ana lo llamó Samuel.

Samuel crece

Samuel crecía, y cada día estaba más alto y más fuerte. Ana cuidaba mucho al pequeño Samuel. Le preparaba buena comida, Le hacía ropa, para que estuviera bien vestido, y, lo mejor de todo, le enseñaba al pequeño Samuel acerca de Dios.

Ana recordó su promesa a Dios. "Cuando el niño crezca, lo llevaré al Tabernáculo", Ana dijo a su esposo Elcana.

Finalmente, llegó el día. Samuel ya era grandecito. Ya era grande para ir al Tabernáculo. Ana, Elcana, y Samuel fueron al Tabernáculo. Samuel se quedó con Elí para aprender a ser el ayudante de Dios, como su madre Ana había prometido.

La túnica de Samuel

Todos los años, la madre de Samuel le hacía una túnica especial. Y ¡todos los años tenía que hacerle una túnica más grande! ¿Saben por qué? Porque Samuel CRECÍA, como tú. Samuel crecía… más alto y más fuerte, y ¡amaba más a Dios!

Conclusión

Ana amaba a Dios. Por eso oró y le pidió una cosa especial. Nosotros también podemos hablar con Dios por que lo amamos mucho. Podemos orar todos los días. Podemos decir a Dios que lo amamos.

¿Qué hizo Ana en el Tabernáculo?

¿Cuándo puedes hablar con Dios?

Bible Story Activity 10

Name _____

"I love the Lord." Psalm 116:1

Scene 3

© 2009 Gospel Light. Permission to photocopy granted to the original purchaser only. *The Big Book of Bible Story Activity Pages #1*

- Child colors both sides of page.
- Child folds page on dotted lines to show Scenes 1-3 (see sketches on back of page).

47

© 2009 Gospel Light. Permission to photocopy granted to the original purchaser only. *The Big Book of Bible Story Activity Pages #1*

Scene 2

Scene 1

- What did Hannah do at the Tabernacle?
- When can you talk to God?

48

Helping at the Tabernacle 1 Samuel 1:28; 2:11,18-21,26

Samuel Wakes Up

Eli lived and worked in the Tabernacle. The Tabernacle was a special place to worship God.

"Samuel, Samuel," Eli called. "Samuel, it's time to wake up and start a new day at God's Tabernacle."

Samuel sat up and rubbed his eyes. He jumped out of bed. Quickly he put on the coat his mother had made for him. Then he ran to where he ate breakfast each morning with Eli. After breakfast Samuel began helping Eli.

Samuel Helps

Eli had a special job at the Tabernacle. He prayed to God for others. And Eli taught people about God. Samuel had a special job, too. He helped Eli take care of the Tabernacle.

Sometimes Eli would say, "Today you may polish the tall candlesticks and fill the water bowl." Samuel rubbed the candlesticks until they were shiny bright. Very carefully Samuel poured water into the big bowl.

"We will need some firewood from the woodpile," Eli told Samuel. "Please get some more wood." Samuel obeyed Eli. He carried firewood from the woodpile to the Tabernacle. Samuel might have swept the floors, too.

Eli gave Samuel other jobs to do. And Samuel obeyed all Eli said. When all the work was finished, Eli said, "Open the doors to the Tabernacle. Let the people come inside."

Many people came inside. The people thanked God. They sang glad songs to Him. They told God that they loved Him. When all the people went home, it was Samuel's job to close the doors.

Every day Samuel grew taller and stronger. And every day Samuel must have listened quietly while Eli read from the big Bible scrolls. Samuel learned from God's Word how to help and obey, just like you do!

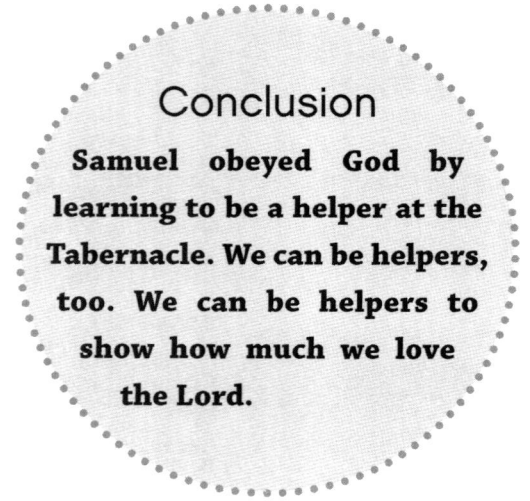

Conclusion

Samuel obeyed God by learning to be a helper at the Tabernacle. We can be helpers, too. We can be helpers to show how much we love the Lord.

Una ayuda en el Tabernáculo 1 Samuel 1:28; 2:11,18-21,26

Samuel se despierta

Elí vivía y trabajaba en el Tabernáculo, un lugar especial donde se adoraba a Dios.

"Samuel, Samuel", lo llamó Elí. "Samuel, es hora de levantarse y empezar un nuevo día en el Tabernáculo de Dios".

Samuel se sentó y se refregó los ojos. De un salto, se levantó de la cama. Se puso la túnica que le había hecho su mamá. Luego corrió para desayunar con Elí, como hacía todas las mañanas. Después de desayunar, Samuel se puso a ayudar a Elí.

Samuel ayuda

Elí tenía un trabajo especial en el Tabernáculo. Oraba y pedía a Dios por otras personas. Elí enseñaba a la gente acerca de Dios. Samuel también tenía un trabajo especial. Ayudaba a Elí a cuidar el Tabernáculo.

A veces, Elí le decía: "Hoy lustra los candelabros y llena la fuente con agua". Samuel lustraba los candelabros hasta que brillaban. Luego, con mucho cuidado, Samuel llenaba la fuente con agua.

"Necesitamos más leña", dijo Elí a Samuel. "Tráeme más leña". Samuel obedeció a Elí. Trajo leña para el Tabernáculo. A veces, Samuel tenía que barrer el piso.

Elí daba otros trabajos a Samuel. El jovencito obedecía a Elí y hacía todo lo que Elí le mandaba. Cuando terminaban de preparar todo, Elí decía: "Abre las puertas del Tabernáculo. Deja que la gente entre".

Entraba mucha gente. La gente agradecía a Dios. Cantaban canciones alegres a Dios. Le decían a Dios que lo amaban. Después de irse la gente, el trabajo de Samuel era cerrar las puertas.

Samuel crecía y crecía... cada día estaba más alto y más fuerte. Y todos los días Samuel escuchaba en silencio mientras Elí leía de los grandes rollos de la Biblia. Samuel aprendió que la Palabra de Dios enseña a ayudar y a obedecer ¡como tú!

Conclusión

Samuel obedeció a Dios aprendiendo a ayudar en el Tabernáculo. Nosotros también podemos ser ayudantes. Podemos ayudar y mostrar cuánto amamos al Señor.

¿Cómo ayudaba Samuel en el Tabernáculo?

¿Qué trabajo puedes hacer para ayudar a los demás?

Bible Story
Activity 11

- Child cuts page on solid lines.
- Child tapes string to back of Samuel figure and to back of page at X's.
- Child colors page.
- Child folds page and moves figure to show story action.

"Whatever you do, do your work for the Lord."
(See Colossians 3:23.)

Name _____

- What did Samuel do to help in the Tabernacle?
- What work can you do to help others?

© 2009 Gospel Light. Permission to photocopy granted to the original purchaser only. *The Big Book of Bible Story Activity Pages #1*

© 2009 Gospel Light. Permission to photocopy granted to the original purchaser only. *The Big Book of Bible Story Activity Pages #1*

52

Samuel Listens and Obeys 1 Samuel 3

A Busy Day

Every day Samuel was busy helping Eli, his teacher, and learning at the Tabernacle. Now it was bedtime and Samuel was TIRED! Samuel yawned a big yawn and stretched his arms. Samuel felt sleepy. After he got himself ready for bed, he lay down and closed his eyes.

The Voice

Then something strange happened! Just as Samuel was going to sleep, he heard someone call "Samuel! Samuel!" Samuel sat straight up in his bed.

"Eli must be calling me," he said. Samuel jumped out of his bed. He ran to where Eli slept. "Here I am, Eli. You called me?" Samuel asked.

Eli looked surprised. "I did not call you," Eli said. "Go back to bed, Samuel." Samuel went back to his bed and lay down.

Everything was quiet again. "Samuel, Samuel!" Samuel heard the voice a second time. Again Samuel ran to Eli. "Here I am. You called me?" he asked.

"No," Eli said. "I did not call you. Now go back to bed." So Samuel went back to his bed and lay down.

A third time Samuel heard the voice. "Samuel, Samuel!" And once more he ran to Eli. "Here I am. You called me, Eli?" Then Eli knew it was God who was calling Samuel.

Samuel Obeys

"When you hear the voice again," Eli told Samuel, "say 'Speak to me, God, I am listening.'" Samuel went back to his bed and lay down.

Soon Samuel heard the voice again. "Samuel, Samuel!" Samuel said, "Speak to me, God. I am listening." Then something WONDERFUL happened. God spoke to Samuel! God told Samuel how to obey Him. Samuel listened carefully to everything God told him.

Conclusion

Samuel showed His love for the Lord by listening and obeying. We can show that we love the Lord, too. We can listen to our moms and dads and teachers. We can obey them, too.

Samuel escucha y obedece 1 Samuel 3

Un día ocupado

Samuel ayudaba mucho a Elí, su maestro, todos los días, y aprendía en el Tabernáculo. Cuando llegaba la hora de acostarse, Samuel estaba muy CANSADO. Samuel bostezó y estiró los brazos. Samuel tenía mucho sueño. Después de prepararse para ir a la cama, se acostó y cerró los ojos.

La voz

Pero, entonces, sucedió algo extraño. En el momento mismo en que Samuel estaba por dormirse, escuchó que lo llamaban: "¡Samuel! ¡Samuel!" Samuel se enderezó en la cama.

"Elí me está llamando", pensó. De un salto, Samuel se levantó de la cama. Corrió a donde dormía Elí. "Aquí estoy, Elí. ¿Me llamaste?", preguntó Samuel.

Elí se sorprendió. "Yo no te llamé", dijo Elí. "Vuelve a tu cama, Samuel". Samuel regresó a su cama y se volvió a acostar.

Todo estaba en silencio. "¡Samuel, Samuel!" Otra vez Samuel escuchó la voz. Nuevamente Samuel corrió a donde estaba Elí. "Aquí estoy. ¿Me llamaste?", preguntó.

"No", dijo Elí. "Yo no te llamé. Vuelve a la cama". Samuel regresó a su cama y se acostó.

Samuel escuchó la voz por tercera vez. "¡Samuel, Samuel!" Otra vez corrió a donde estaba Elí. "Aquí estoy. ¿Me llamaste, Elí?" Entonces Elí supo que era Dios quien estaba llamando a Samuel.

Samuel obedece

"Cuando vuelvas a escuchar la voz", dijo Elí a Samuel, "di: 'Háblame, Dios, te escucho'." Samuel regresó a su cama y se volvió a acostar.

Samuel escuchó la voz otra vez. "¡Samuel, Samuel!" Entonces Samuel dijo: "Háblame, Dios. Te escucho". Entonces pasó algo MARAVILLOSO. ¡Dios habló a Samuel! Dios le dijo a Samuel cómo obedecerle. Samuel escuchó con mucha atención todo lo que Dios le dijo.

Conclusión

Samuel escuchó y obedeció al Señor porque lo amaba. Nosotros también podemos mostrar que amamos al Señor. Podemos escuchar a nuestras mamás, a nuestros papás, y a nuestras maestras. También podemos obedecerlos.

Samuel escuchó y obedeció.

¿Cómo puedes mostrar que estás escuchando?

Name _____

Bible Story Activity 12

"Come and listen to the words of the Lord." (See Joshua 3:9.)

- Samuel listened and obeyed.
- How can you show that you are listening?

© 2009 Gospel Light. Permission to photocopy granted to the original purchaser only. *The Big Book of Bible Story Activity Pages #1*

Name _____

55

- Teacher cuts and prefolds page.
- Child colors figures and folds them to make puppets.
- Teacher helps child tape side of puppets.
- Child slips hand into bottom of puppet to use it.

Samuel Obeys God 1 Samuel 16:1-13

God Instructs Samuel

Our Bible tells about a boy named Samuel who grew up to be a leader of God's people. Samuel loved God. Because Samuel loved God, he obeyed Him and did what was right.

One day God said to Samuel, "I have chosen a new king. I want you to show the people their new king."

Samuel listened carefully to all God said to him.

"Take a little animal horn full of olive oil and go find a man named Jesse," God told Samuel. "I have chosen one of Jesse's sons to be the king. When you get there, talk to Jesse and his sons. I will show you which son I have chosen."

Samuel Visits Jesse

So Samuel obeyed God. Step, step, step. Samuel walked to find Jesse. Samuel looked at each of Jesse's sons. The oldest one was tall and strong. *Surely this is the one God wants to be king,* Samuel thought.

But God said, "No, he is not the one. The one I have chosen loves me very much."

Samuel looked at the next son and the next one. One, two, three, four, five, six, seven sons walked by Samuel. Each time God said, "No, I have not chosen this one to be king."

Samuel asked Jesse, "Do you have any more sons?"

"Yes," Jesse answered, "I have one more son. David is the youngest one. He is out in the hills taking care of our sheep."

David Is Chosen King

"Tell David to come here to me," Samuel said. Soon David walked in. David loved God very much. Samuel looked at David. Then God said, "This is the one I have chosen to be king."

So Samuel took out the little animal horn filled with olive oil. He poured the oil on David's head to show that David was special—chosen by God to be king.

Conclusion

Samuel loved God. Because he loved God, he obeyed Him and did what was right. We can show our love for God by obeying, too.

Samuel obedece a Dios 1 Samuel 16:1-13

Dios da instrucciones a Samuel

La Biblia nos cuenta la historia de Samuel, un muchacho que creció y llegó a ser un líder del pueblo de Dios. Samuel amaba a Dios. Como Samuel amaba a Dios, le obedecía y siempre se portaba bien.

Un día Dios le dijo a Samuel: "Elegí un nuevo rey. Quiero que vayas y le muestres al pueblo el nuevo rey".

Samuel escuchó con mucha atención todo lo que Dios le dijo.

"Llena el cuerno de un animal y ve a buscar a un hombre llamado Isaí", Dios le mandó a Samuel. "Elegí uno de los hijos de Isaí para ser el rey. Cuando llegues a su casa, habla con Isaí y con sus hijos. Yo te mostraré a cuál de los hijos elegí".

Samuel visita a Isaí

Samuel entonces obedeció a Dios. Un paso, otro paso, y otro paso. Samuel caminó hasta encontrar a Isaí. Samuel miró a todos los hijos de Isaí. El hijo mayor era alto y fuerte. Seguro que este es el que Dios quiere que sea rey, pensó Samuel.

Pero Dios dijo: "No, no es él. El que yo elegí me ama mucho".

Samuel miró al siguiente hijo, y al siguiente. Uno, dos, tres, cuatro, cinco, seis, siete hijos… pasaron frente a Samuel. Cada vez Dios le dijo: "No, no es este el hombre que elegí para ser rey".

Samuel preguntó a Isaí: "¿Tienes más hijos?"

"Sí", respondió Isaí, "Tengo otro hijo. David, es el menor. Está en las montañas cuidando nuestras ovejas".

David es elegido rey

"Digan a David que venga", dijo Samuel. Pronto llegó David, quien amaba mucho a Dios. Samuel miró a David. Entonces Dios dijo: "Este es el hombre que elegí para ser rey".

Samuel tomó el pequeño cuerno y lo llenó con aceite de oliva. Derramó el aceite sobre la cabeza de David para mostrar que David era especial: Dios lo había elegido para ser rey.

Conclusión

Samuel amaba a Dios. Como amaba a Dios, le obedecía y siempre se comportaba bien. Nosotros también, cuando obedecemos a Dios, mostramos que lo amamos.

¿Cómo obedeció Samuel a Dios?

Menciona algunas maneras en que puedes obedecer a Dios.

Bible Story Activity 13

"We must obey God." Acts 5:29

- How did Samuel obey God?
- Name some ways you can obey God.

- Teacher cuts slits as shown on back of this page.
- Child colors page and cuts off strip.
- Child threads strip through slits and pulls it through to retell Bible story.

Name _____

© 2009 Gospel Light. Permission to photocopy granted to the original purchaser only. *The Big Book of Bible Story Activity Pages #1*

Roll page for easy
cutting of slits.

David Helps His Family 1 Samuel 16:11-12,18; 17:34-35

David's Family

The Bible tells about a boy named David who had seven older brothers. David's family had many sheep.

David's Job

One day his father said, "David, you are old enough to do an important job. You are old enough to take care of our sheep."

His father said, "You can find grass for our sheep to eat. You can find water for them to drink. And you can bring them safely home at night."

David felt happy! He was glad to be a helper with the sheep. "I will take good care of our sheep," David said.

David Helps

David worked hard taking care of the sheep. He listened carefully to the sheep.

"Baa! Baa! Baa!" the sheep said. David knew they were thirsty. Step, step, step. David walked to find cool water for the sheep to drink.

"Baa! Baa! Baa!" the sheep said. David knew his sheep were hungry. Step, step, step. David walked to find a place where green grass grew for his sheep to eat.

When a sheep was hurt or sick, David took special care of it. Sometimes David carried a sheep with a hurt foot on his shoulders so that it wouldn't have to walk on its sore foot.

Danger!

Sometimes David had to work extra hard! Once, David saw a lion creeping toward the sheep. David chased the lion away and kept the sheep safe!

Safe and Thankful

While the sheep rested, David often played his harp and sang happy songs about God. David loved God. David was glad to be a good helper for his family.

Conclusion

David helped his family. David was glad to show God's love by helping others. We can show God's love by helping others, too.

David ayuda a su familia 1 Samuel 16:11-12, 18; 17:34-35

La familia de David

La Biblia nos cuenta que había una vez un muchacho llamado David que tenía siete hermanos. La familia de David tenía muchas ovejas.

El trabajo de David

Un día su padre le dijo: "David, ya eres grande y tengo un trabajo importante para ti. Ya eres grande y puedes cuidar nuestras ovejas".

Su padre le dijo: "Tienes que buscar pasto para que coman las ovejas. Tienes que buscarles agua para que beban. Y, de noche, tienes que traerlas a casa".

¡David estaba contento! Se sentía feliz de poder ayudar con las ovejas. "Voy a cuidar bien las ovejas", dijo David.

David ayuda

David hizo un buen trabajo cuidando las ovejas. Escuchaba con atención a las ovejas.

"¡Beee! ¡Beee! ¡Beee!", berreaban las ovejas. David sabía que tenían sed. Un paso, otro paso, y otro paso. David caminaba hasta encontrar agua fresca para que las ovejas pudieran beber.

"¡Beee! ¡Beee! ¡Beee!", berreaban las ovejas. David sabía que sus ovejas tenían hambre. Un paso, otro paso, y otro paso. David caminaba hasta encontrar un lugar con pastos tiernos y verdes que las ovejas pudieran comer.

Cuando una oveja se lastimaba o se enfermaba, David la cuidaba mucho. A veces, cuando una oveja se hería una patita, David la llevaba sobre los hombros para que no tuviera que caminar con la patita lesionada.

¡Peligro!

A veces, David tenía más trabajo. Una vez, David vio un león acercándose a las ovejas. ¡David persiguió al león para proteger a las ovejas!

A salvo y agradecidos

Mientras las ovejas descansaban, David tocaba el arpa y cantaba alegres canciones a Dios. David amaba a Dios. David estaba contento de poder ayudar a su familia.

Conclusión

David ayudó a su familia. David se alegraba de poder ayudar a los demás y mostrar el amor de Dios. Nosotros también podemos ayudar a los demás y mostrar el amor de Dios.

¿Qué hizo David para ayudar a su familia?

¿Cuándo puedes ayudar a los demás y mostrar el amor de Dios?

Name _____

Bible Story Activity 14

"With love, help each other." (See Galatians 5:13.)

- Child colors page.
- Child folds page on dotted lines (see sketch on back of page).
- Child lifts flaps to show story action.

- **What did David do to help his family?**
- **When can you show God's love and help others?**

© 2009 Gospel Light. Permission to photocopy granted to the original purchaser only. *The Big Book of Bible Story Activity Pages #1*

63

2

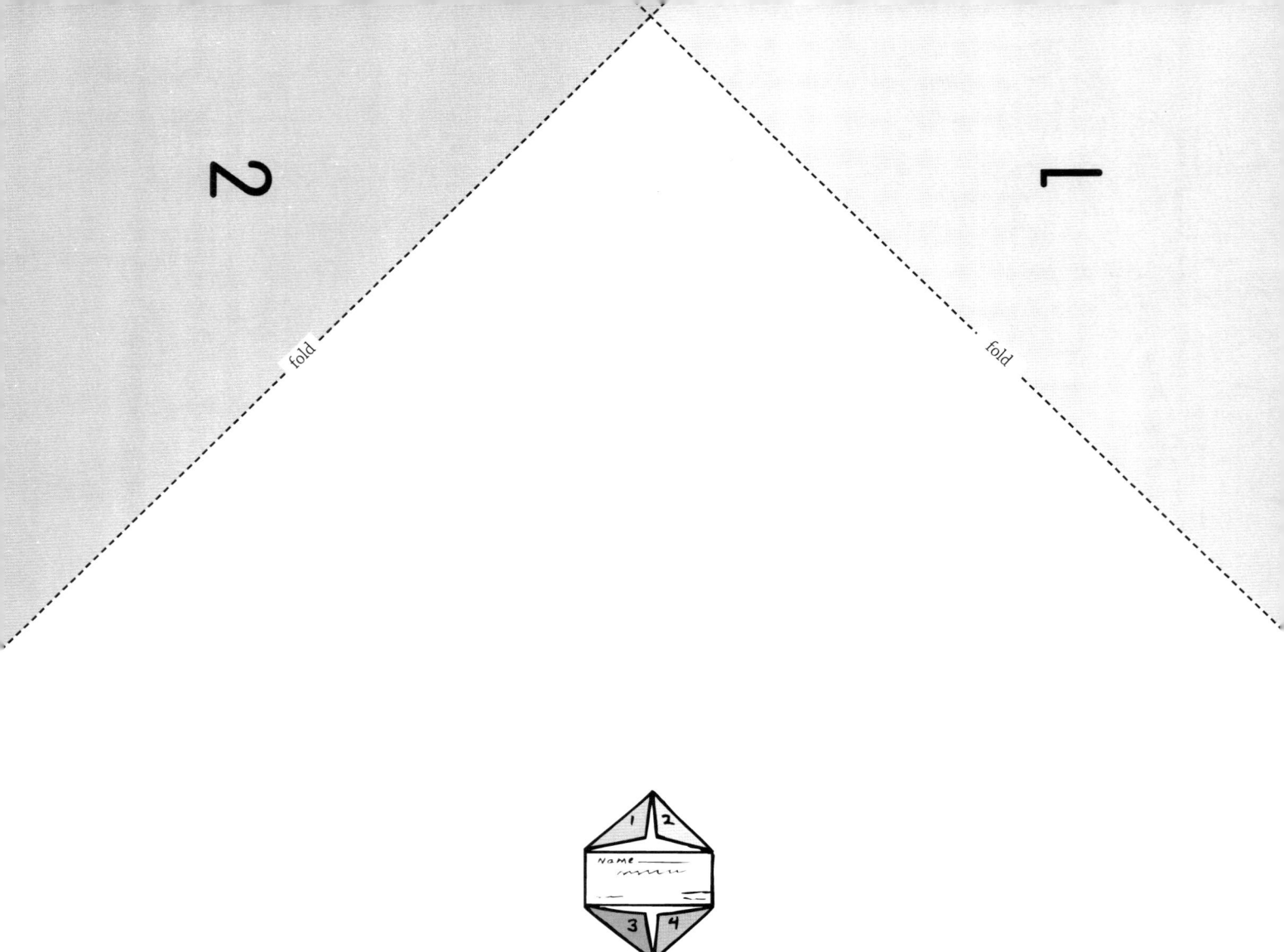

1

fold

fold

© 2009 Gospel Light. Permission to photocopy granted to the original purchaser only. *The Big Book of Bible Story Activity Pages #1*

4

3

fold

fold

David Visits His Brothers 1 Samuel 17:12-20

David and His Father

Every day David found green grass for his family's sheep. Every day David found cool water for them to drink. Every day David took good care of the sheep. And every day David's father thought about his older sons who were in the army. *What are they doing? Do they have enough to eat?*

David Obeys His Father

One day David's father said to David, "Please go to see your brothers who are in the army. I want to know how your brothers are doing. I can't go see them. David, you are old enough to go on a trip by yourself." David listened carefully. His father said, "Take them some bread and cheese."

David made plans right away. David probably found another boy to take care of the sheep. Then early the next morning, David packed bread and cheese into sacks. Very carefully he loaded the sacks on his donkey.

"Good-bye, David," his father called as David walked down the road. "Be careful."

"I'll be careful," David answered. "Good-bye."

Clippety-clop, clippety-clop, clippety-clop went the donkey's feet on the rocky road.

The Army Camp

After a while David saw the tents of the army camp. Then he saw his brothers.

David ran to meet his brothers. "I brought you some food from home," David told them. The brothers must have been very glad to get the food. And David was glad he could help his father by bringing food to his brothers. David was a good helper.

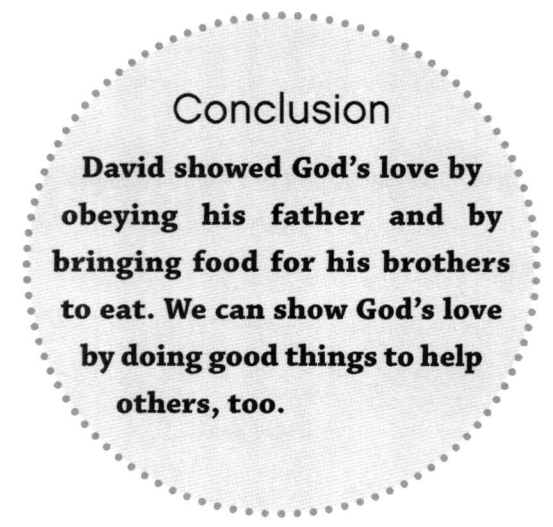

Conclusion
David showed God's love by obeying his father and by bringing food for his brothers to eat. We can show God's love by doing good things to help others, too.

David visita sus hermanos 1 Samuel 17:12-20

David y su padre

Todos los días, David encontraba pasto verde para las ovejas de su familia. Todos los días, David encontraba agua fresca para que pudieran beber. Todos los días, David cuidaba a las ovejas. Y todos los días, el padre de David pensaba en los hermanos mayores que estaban en el ejército. ¿Qué estarían haciendo? ¿Tendrían suficiente comida?

David obedece a su padre

Un día, el padre de David le dijo: "Por favor, ve a visitar a tus hermanos que están en el ejército. Quiero saber cómo están. Yo no puedo ir. David, ya eres grande y puedes ir tú mismo". David prestó mucha atención. Su padre dijo: "Llévales un poco de pan y de queso".

David hizo planes en seguida. David tal vez encontró otro muchacho para cuidar de las ovejas. Muy temprano, a la mañana siguiente, David puso pan y queso en unas bolsas. Con mucho cuidado, cargó las bolsas en su burrito.

"Adiós, David", se despidió su padre mientras David se iba por el camino. "Ten cuidado".

"Tendré cuidado", respondió David. "Adiós".

Clop-ti, clop, clop-ti clop, …hacían las patas del burrito en las piedras del camino.

El campamento del ejército

Por fin pudo David ver las carpas en el campamento del ejército. Y luego vio a sus hermanos.

David corrió a encontrarse con sus hermanos. "Les traje comida de casa", les dijo David. Los hermanos se pusieron muy contentos con la comida. David se alegró de poder ayudar a su padre llevando comida a sus hermanos. David fue un buen ayudante.

Conclusión

David obedeció a su padre y llevó comida a sus hermanos porque amaba a Dios. Nosotros también podemos hacer el bien y ayudar a los demás, y mostrar que amamos a Dios.

¿Qué cosas buenas hizo David?

¿Cómo puedes hacer el bien a los demás y mostrar que amas a Dios?

Name _____

Bible Story Activity 15

© 2009 Gospel Light. Permission to photocopy granted to the original purchaser only. *The Big Book of Bible Story Activity Pages #1*

- Child colors page.
- Child cuts page on solid lines.
- Child puts sections in a row to form a long picture (see sketch on back of this page).

3

1

- What good things did David do?
- How can you show God's love by doing good to others?

2

"Do not forget to do good."
Hebrews 13:16

67

David and Jonathan Are Kind 1 Samuel 16:15-23; 18:1-4; 19:1-7

King Saul Needs Help

King Saul felt grumpy and sad. King Saul felt so grumpy and sad that everyone tried to think of a way to make him feel happy.

One of the king's helpers had an idea. "King Saul," the helper said, "if someone could play happy music on the harp, you might feel happy." King Saul thought that was a good idea!

David Is Kind

"I know someone who plays the harp very well," the helper said. "His name is David. God is with him."

A helper went to talk to David's father. David was taking care of his family's sheep. But his father said he could go help the king.

So David went to live in the king's house. David loved God and was glad to help King Saul by playing his harp. David's harp playing helped King Saul feel happy again.

A Promise of Friendship

David liked living in the king's house. One of the people David liked best in the king's house was King Saul's son. His name was Jonathan. They became best friends.

David and Jonathan made a special promise to each other. "We will ALWAYS be good friends!" they said. "We will ALWAYS help each other."

Jonathan's Gifts

One day Jonathan did something to show how much he liked David.

"David, I am giving you my coat," Jonathan said. Then Jonathan brought his best bow and arrow to David. "You may have my bow and arrow, too." Jonathan said.

David knew that Jonathan was his good friend. And Jonathan knew David was his good friend.

Conclusion

David showed love to King Saul by playing his harp for him. David and Jonathan were good friends. They showed love to each other. They promised to always help each other. God wants us to show His love by being kind and helping each other, too.

David y Jonatán son buenos 1 Samuel 16:15-23; 18:1-4; 19:1-7

El rey Saúl pide ayuda

El rey Saúl estaba enojado y triste. Estaba tan enojado y triste que todos se pusieron a pensar qué podían hacer para que el rey volviera a estar contento.

Uno de los ayudantes del rey tuvo una idea. "Rey Saúl", dijo el ayudante, "si alguien le tocara música en el arpa, quizá se sentiría mejor". El rey Saúl pensó que esa era una buena idea.

David es bueno

"Yo conozco alguien que toca muy bien el arpa", dijo el ayudante. "Se llama David. Dios está con él".

El ayudante fue a hablar con el padre de David, quien estaba cuidando las ovejas de su familia. Pero su padre dijo que podía ir y ayudar al rey.

David se fue a vivir a la casa del rey. David amaba a Dios y estaba contento de poder tocar el arpa para ayudar al rey Saúl. Cuán contento se puso el rey cuando escuchó a David tocar el arpa.

Una promesa de amistad

A David le gustaba vivir en la casa del rey. David quería mucho al hijo del rey Saúl, que también vivía en la casa del rey. Se llamaba Jonatán. Se hicieron muy buenos amigos.

David y Jonatán se hicieron una promesa especial. "SIEMPRE seremos buenos amigos", dijeron. "SIEMPRE nos ayudaremos".

Los regalos de Jonatán

Un día Jonatán hizo una cosa para mostrar a David lo mucho que lo quería.

"David, toma mi túnica", dijo Jonatán. Después Jonatán le trajo a David su mejor arco y flecha. "Puedes usar mi arco y flecha, también", dijo Jonatán.

David sabía que Jonatán era un buen amigo. Y Jonatán sabía que David era un buen amigo.

Conclusión

David amaba al rey Saúl y por eso tocó el arpa para él. Jonatán y David eran muy buenos amigos. Mostraron que se amaban el uno al otro. Prometieron ayudarse siempre. Dios quiere que nosotros seamos buenos y nos ayudemos unos a otros para mostrar su amor.

¿Qué hicieron David y Jonatán para mostrar que se querían?

¿Cómo puedes ser bueno con un amigo?

Bible Story Activity Page 16

Name _____

"A friend loves at all times."
Proverbs 17:17

- - - fold - fold - - -

- - - fold - fold - - -

- How did David and Jonathan show kindness?
- How can you be kind to a friend?

Child colors page.
Child cuts page on solid lines, tapes two strips together at X's and folds on dotted lines to make accordion-shaped book (see sketch on back of this page).

© 2009 Gospel Light. Permission to photocopy granted to the original purchaser only. *The Big Book of Bible Story Activity Pages #1*

71

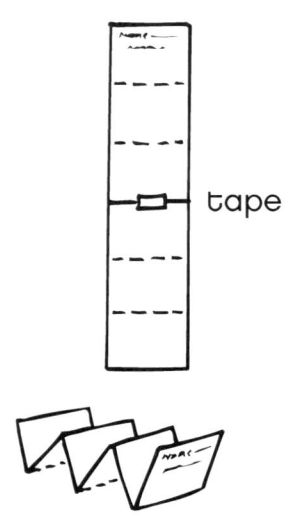

tape

David and Saul 1 Samuel 26

David Hides from King Saul

Step, step, step. King Saul and his men looked for David all day. King Saul was angry with David. King Saul wanted to find David and hurt him.

Finally, King Saul and his men stopped for the night and set up their camp. King Saul slept on the ground. His men slept all around him.

A Nighttime Visit

While King Saul and his men were asleep, something happened. David and his men found King Saul's camp. Very quietly, David and his friend tiptoed into King Saul's camp.

"Here's our chance," whispered David's friend. "King Saul wants to hurt you. Now let's hurt him!"

"No!" whispered David. "That would be wrong. Let's just take his spear and water jug." So David and his friend picked up the king's spear and water jug. Then they quietly ran to the top of a high hill.

Wake Up!

"Wake up!" David shouted. David held up King Saul's spear and jug. "See what happened while you were asleep!" King Saul and his men heard the shouting. They looked around and saw that the spear and the jug were gone.

"Is that you, David?" King Saul called out.

"Look!" David shouted. "I have your spear. Let one of your men come and get it. I could have hurt you, but I did not." King Saul said he was sorry for the way he had treated David.

David turned around and walked back to his men. He could have hurt King Saul, but he didn't. David showed love for God by being kind to King Saul.

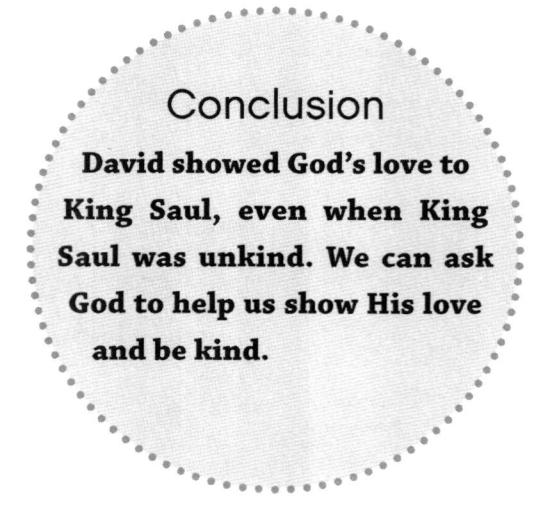

Conclusion

David showed God's love to King Saul, even when King Saul was unkind. We can ask God to help us show His love and be kind.

David y Saúl 1 Samuel 26

David se esconde del rey Saúl

Un paso, otro paso, y otro paso. El rey Saúl y sus hombres se pasaron todo el día buscando a David. El rey Saúl estaba enojado con David. El rey Saúl quería encontrar a David para hacerle daño.

Al final, se hizo la noche y el rey Saúl y sus hombres armaron su campamento. El rey Saúl dormía en el suelo. Sus hombres dormían alrededor de él.

Una visita nocturna

Mientras el rey Saúl y sus hombres dormían, sucedió algo. David y sus hombres encontraron el campamento del rey Saúl. Muy silenciosamente, David y su amigo se acercaron al campamento del rey Saúl.

"Esta es nuestra oportunidad", susurró el amigo de David. "El rey Saúl quería hacerte daño. ¡Vamos a atacarlo nosotros a él!"

"¡No!" susurró David. "Eso no sería bueno. Vamos a quitarle la lanza y la jarra de agua". David y su amigo tomaron la lanza del rey y la jarra de agua. Luego se fueron corriendo en silencio a la cima de una montaña.

¡Despierta!

"¡Despierta!", gritó David, mientras sostenía en alto la lanza y la jarra de agua del rey Saúl. "¡Mira lo que pasó mientras dormías!" El rey Saúl y sus hombres escucharon los gritos. Miraron alrededor y vieron que faltaba la lanza y la jarra de agua.

"¿Eres tú, David?", gritó el rey Saúl.

"¡Mira!", gritó David. "Tengo tu lanza. Manda a uno de tus hombres para que la venga a buscar. Podría haberte atacado, pero no lo hice". El rey Saúl pidió perdón por la manera en que había tratado a David.

David se volvió y regresó con sus hombres. Podría haber herido al rey Saúl, pero no lo hizo. David fue bueno con el rey Saúl porque amaba a Dios.

Conclusión

Aunque Saúl era malo, David fue bueno con el rey, porque David amaba a Dios. Podemos pedir a Dios que nos ayude a ser buenos y a mostrar que lo amamos.

David fue bueno, aun con el rey Saúl que quería hacerle daño.

¿Con quién puedes ser bueno?

Bible Story Activity 17

Name _____

"Do good to all people."
Galatians 6:10

Scene 1

King Saul wanted to Find David

- Teacher prefolds page.
- Child folds page to make a booklet.
- Child colors scenes and uses booklet to retell story action.

---- fold ----

Scene 4

- David was kind even when King Saul wanted to be mean.
- Who can you be kind to?

© 2009 Gospel Light. Permission to photocopy granted to the original purchaser only. *The Big Book of Bible Story Activity Pages #1*

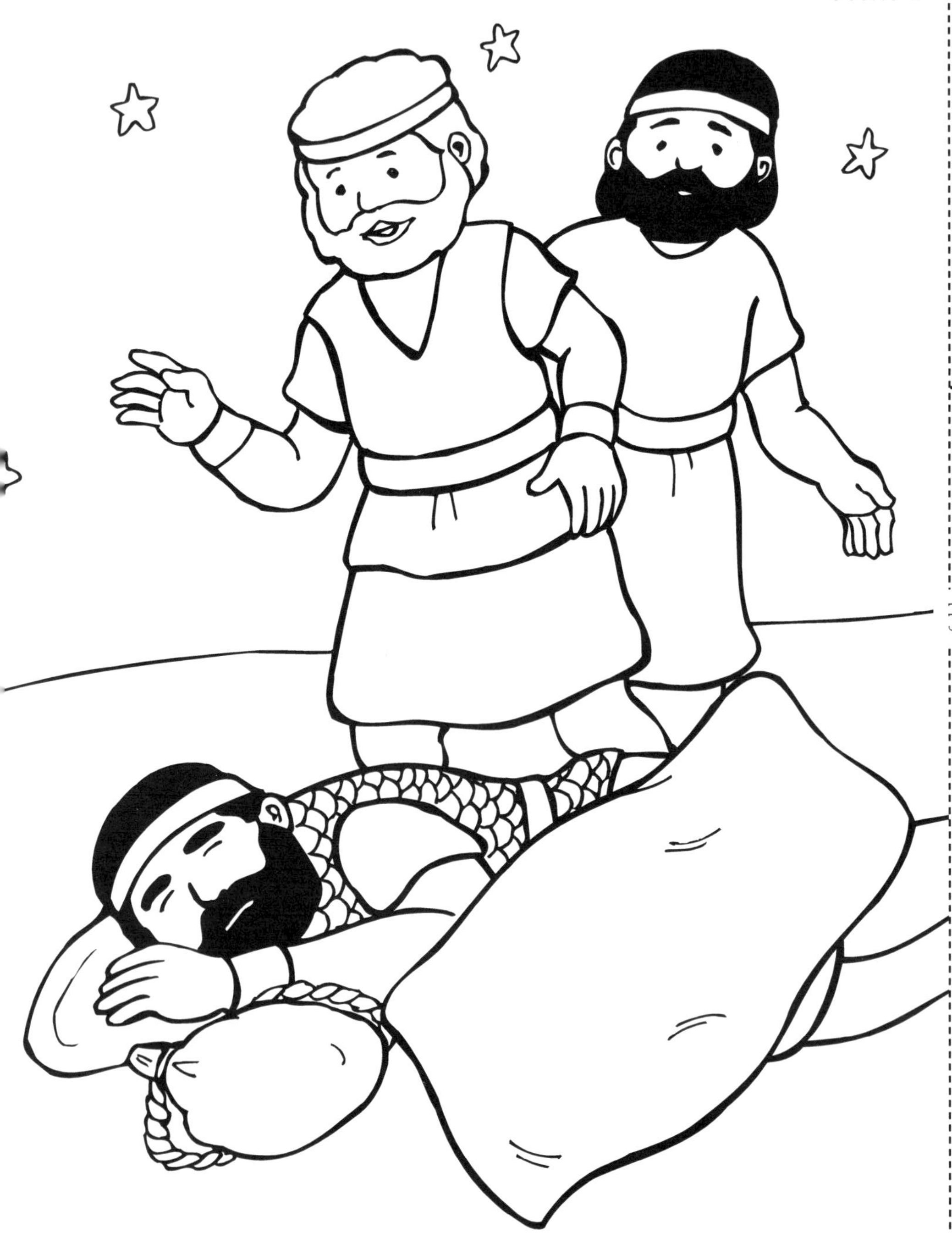

David could have been mean to King Saul.

Scene 2

fold

David chose to be kind.

Scene 3

David and Mephibosheth 1 Samuel 20:14-17,42; 2 Samuel 9

David's Promise

When David became the king, he tried to be kind and help others because he loved God.

One day, King David was sad. He was thinking about his good friend Jonathan who was dead. David remembered the promise he had made to Jonathan. David had promised always to help Jonathan. David had promised to help Jonathan's children, too.

Find Mephibosheth

How can I help Jonathan now? King David thought. *Maybe there is someone from his family that I could help.*

"Is anyone from Jonathan's family still living?" King David asked his helper. "I want to keep the promise I made to Jonathan." "There is only one person still alive," the helper said. "He is Jonathan's son, Mephibosheth (mih-FIHB-eh-shehth). His feet are hurt and he cannot walk very well."

"Bring Mephibosheth to see me right away," King David said.

David Is Kind to Mephibosheth

Soon the helper brought Mephibosheth. Mephibosheth walked very slowly toward King David. Mephibosheth felt afraid.

"Oh, Mephibosheth, don't be afraid," King David said. "I promised your father, Jonathan, that I would help his children. I want to do as I promised. I want to help you."

Mephibosheth was surprised. "Oh, thank you," Mephibosheth said.

King David said, "I want you and your family to come and live with me. I will give you good food to eat. I will give you nice clothes to wear." So Mephibosheth lived with King David.

King David remembered his promise to Jonathan. David was glad to share with Mephibosheth.

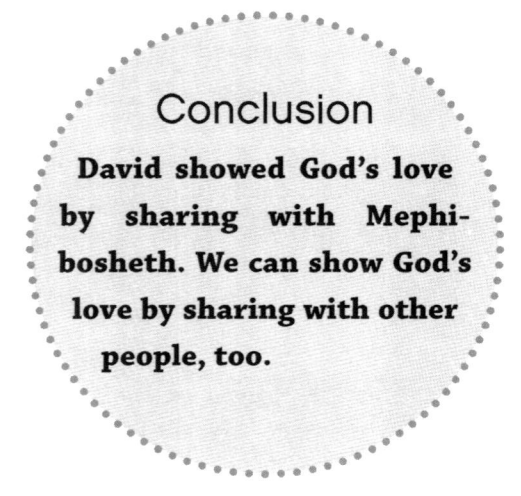

Conclusion

David showed God's love by sharing with Mephibosheth. We can show God's love by sharing with other people, too.

David y Mefiboset 1 Samuel 20:14-17, 42; 2 Samuel 9

La promesa de David

Cuando David fue rey, trató de ser bueno y ayudar a la gente porque él amaba a Dios.

Un día, el rey David estaba triste. Se acordó de su buen amigo Jonatán que había muerto. David recordó la promesa que le había hecho a Jonatán. David había prometido ayudar siempre a Jonatán. David había prometido ayudar también a los hijos de Jonatán.

Encuentren a Mefiboset

¿Cómo puedo ayudar a Jonatán ahora?, pensó el rey David. Tal vez quede alguien de su familia a quien pudiera ayudar.

"¿Queda alguien vivo de la familia de Jonatán?", preguntó el rey David a su ayudante. "Quiero mantener la promesa que le hice a Jonatán". "Queda solo una persona viva", dijo el ayudante. "Es el hijo de Jonatán, Mefiboset. Tiene los pies lisiados y no puede caminar bien".

"Tráiganme a Mefiboset...¡Ahora mismo!", ordenó el rey David.

David es bueno con Mefiboset

El ayudante fue y trajo a Mefiboset, quien caminó muy lentamente hacia el rey David. Mefiboset tenía temor.

"No temas, Mefiboset", dijo el rey David. "Le prometí a tu padre, Jonatán, que ayudaría a sus hijos. Quiero cumplir mi promesa. Quiero ayudarte".

Mefiboset se sorprendió. "Gracias", dijo Mefiboset.

El rey David dijo: "Quiero que tú y tu familia vengan a vivir conmigo. Yo les daré buena comida para que coman. Yo les daré ropa linda que se vistan". Y así, Mefiboset vivió con el rey David.

El rey David recordó la promesa que le había hecho a Jonatán. David se puso contento de poder ayudar a Mefiboset.

Conclusión

David compartió sus cosas con Mefiboset porque el rey amaba a Dios. Nosotros también podemos compartir cosas con otras personas porque amamos a Dios.

¿Qué cosas buenas hizo David con Mefiboset?

¿Cómo puedes ser bueno con las personas que necesitan ayuda?

Bible Story Activity 18

"Be kind to one another." (See Ephesians 4:32.)

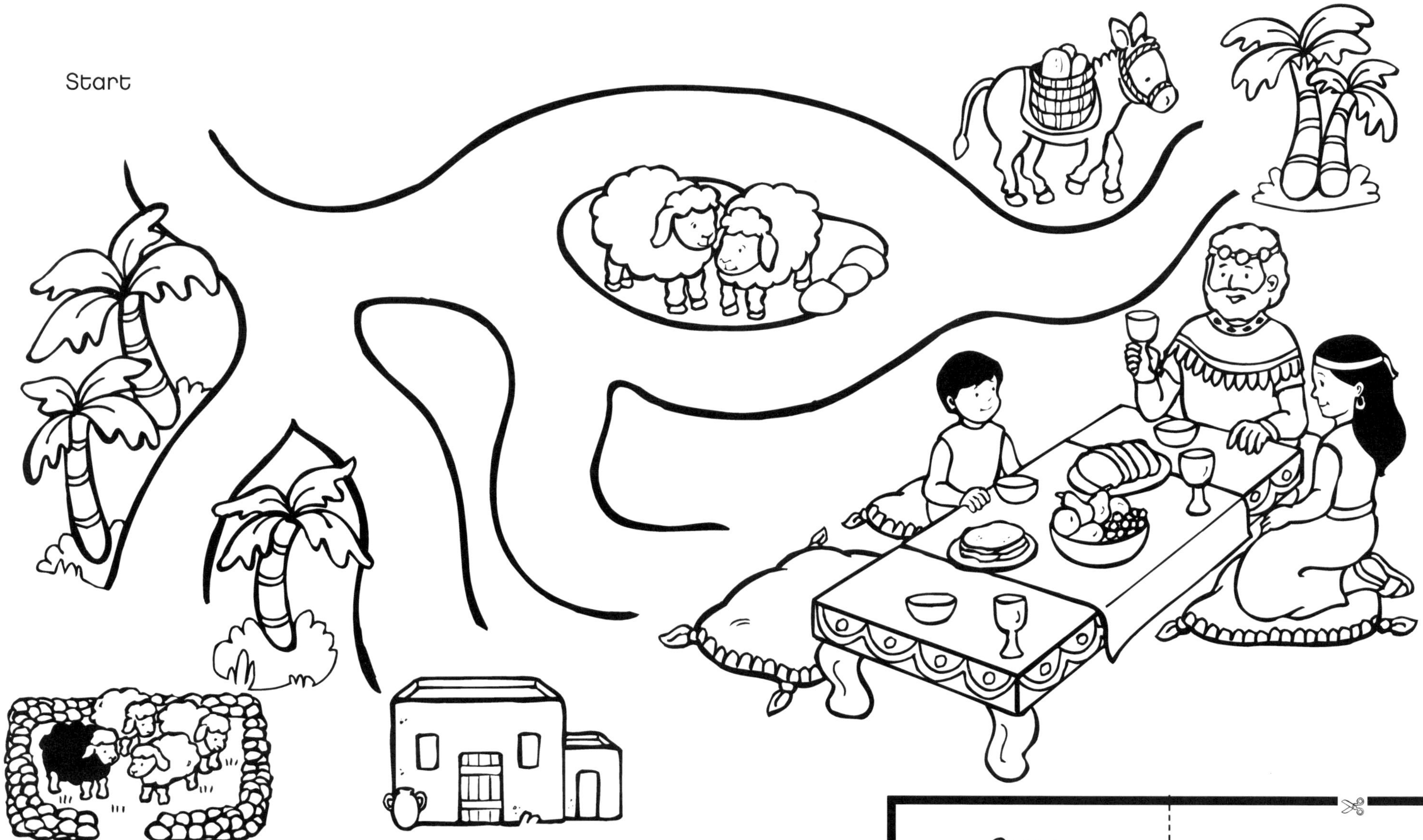

Start

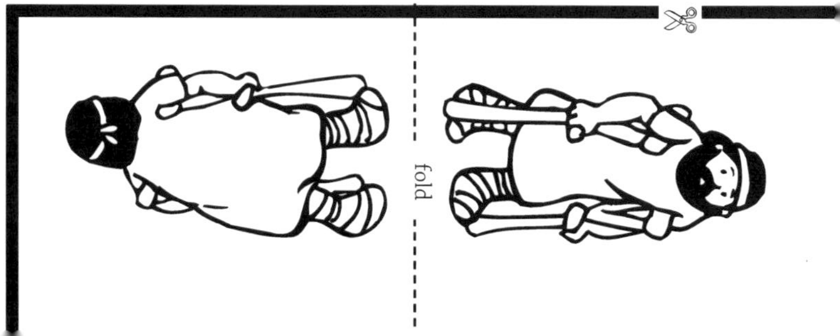

- How was David kind to Mephibosheth?
- How can you be kind to others who need help?

- Child colors page.
- Child cuts out and folds Mephibosheth figure.
- Child walks figure along path.

fold

Name _____

© 2009 Gospel Light. Permission to photocopy granted to the original purchaser only. *The Big Book of Bible Story Activity Pages #1*

79

Josiah Reads God's Words 2 Chronicles 34—35:19

Cleaning Up the Temple

Josiah was a boy who had a very big job. Josiah's job was to be king. King Josiah loved God. He did many good things. But for many years, the book of God's words had been lost. God's Temple was broken-down and dirty. (The Temple was the place where people went to pray to God.)

After King Josiah had grown to be an adult, he said, "It is time to clean the Temple. We need many helpers to make the Temple clean and beautiful."

Many people came to help. Some helpers swept and scrubbed the Temple. Swish, swish went their brooms. Some helpers fixed broken furniture. Bang, bang went their hammers.

Finding God's Word

While the helpers worked hard, the Temple leader saw something covered with dust. *What is this?* he wondered. Poof! He blew off the dust. "It's a scroll," the leader said. (A scroll is like a long rolled-up sheet of paper with writing on it.) Carefully he unrolled the scroll. He read a few words. Then he called to the king's helper, "Here is a scroll with God's words written on it! King Josiah will want to see this!"

The helper ran to the king's house with the scroll. "Look at this, King Josiah," he said. "The Temple leader found this scroll! It has God's words written on it."

King Josiah listened while the helper read God's words. King Josiah loved God and wanted to obey God's words.

Promising to Obey

King Josiah invited all of God's people to come to the Temple. Boys and girls, mothers and fathers, grandmothers and grandfathers came to hear God's words. King Josiah unrolled the Bible scroll and read God's words. The people listened. Then King Josiah and the people promised, "We will love God and obey His words."

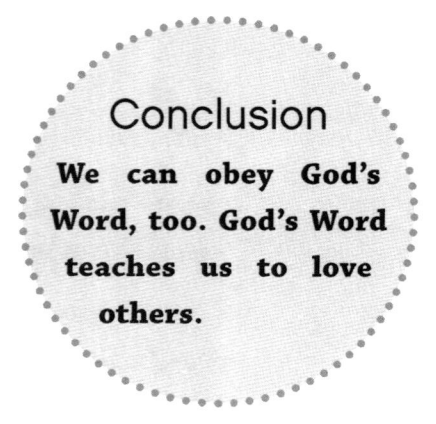

Conclusion

We can obey God's Word, too. God's Word teaches us to love others.

Josías lee la Palabra de Dios 2 Crónicas 34—35:19

La limpieza del Templo

Josías era un niño con un trabajo muy importante. El trabajo de Josías era ser rey. El rey Josías amaba a Dios e hizo muchas cosas buenas. Durante muchos años, el libro de las palabras de Dios se había perdido. El Templo de Dios estaba en ruinas y muy sucio. (El Templo era el lugar donde la gente iba a orar a Dios.)

Cuando el rey Josías creció y fue adulto, dijo: "Es hora de limpiar el Templo. Necesitamos mucha gente que colabore para que el Templo quede limpio y hermoso".

Vino mucha gente para ayudar. Algunos ayudantes barrieron y limpiaron el Templo. Shhuff…Shhuff iban las escobas. Algunos ayudantes reparaban los muebles rotos. Pam-pam-pam golpeaban con los martillos.

Hallan la Palabra de Dios

Mientras un ayudante estaba trabajando, el jefe del Templo vio algo cubierto de polvo. ¿Qué es esto?, se preguntó. ¡Puf! Sopló el polvo. "Es un rollo", dijo el jefe. (Un rollo es una larga hoja de papel escrita.) Con cuidado lo desenrolló. Leyó unas pocas palabras. Luego llamó al ayudante del rey: "¡Aquí hay un rollo con la Palabra de Dios! El rey Josías querrá ver esto".

El ayudante corrió a la casa del rey con el rollo. "Mire esto, rey Josías", dijo. "¡El jefe del Templo encontró este rollo! Tiene escritas las palabras de Dios".

El rey Josías escuchó mientras el ayudante leía las palabras de Dios. El rey Josías amaba a Dios y quería obedecer las palabras de Dios.

La promesa de obedecer

El rey Josías invitó a todo el pueblo de Dios a venir al Templo. Los niños y las niñas, las madres y los padres, las abuelas y los abuelos vinieron a escuchar las palabras de Dios. El rey Josías desenrolló el rollo de la Biblia y leyó las palabras de Dios. La gente escuchó.

Entonces el rey Josías y la gente prometió: "Amaremos a Dios y obedeceremos sus palabras".

Conclusión

Nosotros también podemos obedecer la Palabra de Dios, pues ella nos enseña a amar a los demás.

¿Qué hizo el rey Josías cuando escuchó la Palabra de Dios?

¿Qué puedes hacer tú para obedecer la Palabra de Dios y amar a los demás?

Bible Story Activity 19

- Child colors puppets.
- Child cuts apart puppets, folds them and then tapes along sides to make finger puppets.
- Child uses puppets to retell story action.

- What did King Josiah do when he heard God's Word?
- What can you do to follow God's Word by showing love to others?

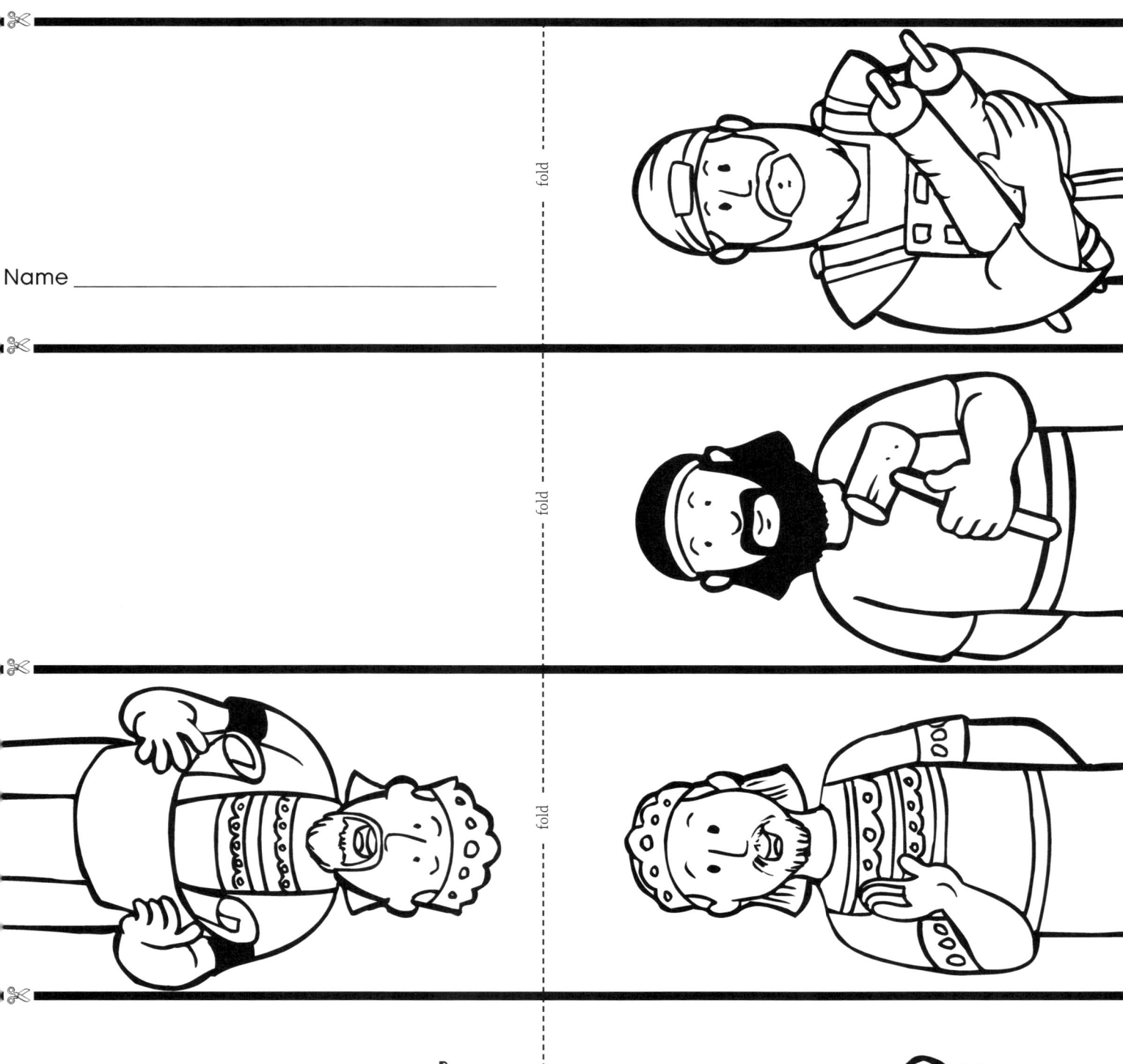

Name _____

fold

fold

fold

fold

"Teach me, O Lord."
Psalm 119:33

© 2009 Gospel Light. Permission to photocopy granted to the original purchaser only. *The Big Book of Bible Story Activity Pages #1*

83

Nehemiah Helps Build Walls Nehemiah 1—2; 4:1-6; 6:15-16; 12:27,43

Nehemiah Hears Sad News

Nehemiah lived in the king's house. He was the king's special helper. One day, Nehemiah's brother came from far away to visit him. He told Nehemiah some sad news. "The city where we used to live had strong walls. Now the walls are broken. The city is not safe."

Nehemiah Prays

Nehemiah was sad. So Nehemiah did something very important. He prayed to God. God would help Nehemiah know what to do.

When the king saw Nehemiah, he asked, "Why are you so sad, my friend?"

Nehemiah said, "I am sad because the walls around my city are broken down. I would like to go and help the people build the walls again."

The king said, "You may go and help the people build the walls." Nehemiah was very happy. He thanked the king and started on his way to the city.

God's People Rebuild

When Nehemiah came to the city, he said to all the people, "We can build the walls. We can make them strong again. Who will help?"

"My family will help," said a father. "We will rebuild part of this wall."

"My family will help," said another father. "We will fix one of the big gates."

Everyone worked together. Bang! Bang! Bang went the hammers. Zzzzzz! Zzzzzz! Zzzzzz went the saws. Fathers and mothers, boys and girls, grandfathers and grandmothers all helped.

After many days, the walls were finished. Everyone was glad to see the walls. And Nehemiah was glad the people helped each other.

Conclusion

Nehemiah and God's people showed God's love by helping each other rebuild the walls of Jerusalem. Helping others is something we can all do! Helping others shows Gods love.

Nehemías ayuda a construir las murallas

Nehemías 1—2; 4:1-6; 6:15-16; 12:27,43

Nehemías escucha unas noticias tristes

Nehemías vivía en la casa del rey. Era el ayudante especial del rey. El hermano de Nehemías, que vivía muy lejos, vino a visitarlo. Dijo a Nehemías que tenía una noticia triste para darle. "La ciudad donde vivíamos tenía unas grandes murallas. Las murallas se cayeron. La ciudad no es segura".

Nehemías ora

Nehemías se puso triste. Pero, entonces, él hizo algo muy importante. Oró a Dios, quien ayudaría a Nehemías a saber qué hacer.

Cuando el rey vio a Nehemías, preguntó: "¿Por qué estás tan triste, mi amigo?"

Nehemías dijo: "Estoy triste porque las murallas de mi ciudad se cayeron. Me gustaría ir y ayudar a la gente a reconstruir las murallas".

El rey dijo: "Puedes ir y ayudar a la gente a reconstruir las murallas". Nehemías se puso muy contento. Agradeció al rey y se puso en camino a la ciudad.

El pueblo de Dios reconstruye la ciudad

Cuando Nehemías llegó a la ciudad, dijo a todo el pueblo: "Vamos a reconstruir las murallas. Vamos a tener murallas fuertes. ¿Quién quiere ayudar?"

"Mi familia ayudará", dijo un padre. "Nosotros reconstruiremos parte de la muralla".

"Mi familia ayudará", dijo otro padre. "Nosotros arreglaremos una de las puertas".

Todos trabajaron juntos. ¡Pam! ¡Pam! ¡Pam! golpeaban los martillos. ¡Zzzzzz! ¡Zzzzzz! ¡Zzzzzz! Hacían las sierras. Las madres y los padres, las niñas y los niños, las abuelas y los abuelos… todos ayudaron.

Después de varios días, terminaron de arreglar las murallas. Todos estaban contentos de las murallas. Nehemías estaba contento porque toda la gente había colaborado.

Conclusión

Nehemías y el pueblo de Dios ayudaron a reconstruir las murallas de Jerusalén porque ellos amaban a Dios. ¡Todos podemos ayudar a los demás! Mostramos que amamos a Dios cuando ayudamos a los demás.

¿Qué hizo la gente para ayudar entre todos a reconstruir las murallas?

¿Qué puedes hacer para ayudar a los demás?

Activity 20

Name _____

"With love, help each other." (See Galatians 5:13.)

x tape string

tape string x

- Child colors page.
- Child cuts off block and attaches to page (see instructions on back of page).
- Child moves block up and down page as story is retold.

- What did the people do to help each other rebuild the walls?
- What can you do to help others?

© 2009 Gospel Light. Permission to photocopy granted to the original purchaser only. *The Big Book of Bible Story Activity Pages #1*

To attach block to page, punch two holes in block and thread string through holes. Tape ends of string to X's on page. Child moves block.

Jeremiah Obeys Jeremiah 36

Jeremiah Obeys

Jeremiah loved and obeyed God. But many people did not love God. They did not obey Him.

God still loved those people. He wanted them to stop doing what was wrong. So God told Jeremiah to write down some very important messages for the people.

Jeremiah said the words from God out loud. Jeremiah's helper, Baruch (buh-ROOK), carefully wrote the words exactly as Jeremiah told him.

The King Does Not Obey

"Go and read these words to the people," Jeremiah told Baruch.

When the people heard God's words, they knew they had not obeyed God. "We must tell these words to the king!" they said.

The people hurried to the king's house. They brought the scroll with God's words written on it. A man read God's words to the king. The king listened to God's words, but the king did not want to stop doing wrong things. The king did not want to obey God's words.

The king took a knife and cut up the scroll with God's words on it. He threw the pieces into a fire. The king burned up God's words!

Jeremiah Obeys Again

The king thought he had gotten rid of God's words. But God told Jeremiah, "Write My words again." Jeremiah and Baruch obeyed God. They wrote God's words on another scroll just like the first one. And Baruch read God's words to the people again.

Conclusion

Jeremiah loved and obeyed God. We can love and obey God, too. God's Word helps us know how to obey When we show God's love by being kind, we are obeying God's Word.

Jeremías obedece Jeremías 36

Jeremías obedece

Jeremías amaba y obedecía a Dios. Pero muchas personas no amaban a Dios. No le obedecían.

Dios también amaba a esas personas. Quería que dejaran de hacer cosas malas. Dios le dijo a Jeremías que escribiera unos mensajes muy importantes para la gente.

Jeremías dictó las palabras de Dios. Baruc, el ayudante de Jeremías, anotó cuidadosamente las palabras exactas que Jeremías le dictó.

El rey no obedece

"Ve y lee estas palabras al pueblo", dijo Jeremías a Baruc.

Cuando el pueblo escuchó las palabras de Dios, se dieron cuenta de que no habían obedecido a Dios. "¡Debemos decir estas palabras al rey!", dijeron.

La gente corrió a la casa del rey. Llevaban el rollo escrito con las palabras de Dios. Un hombre leyó las palabras de Dios al rey. Él escuchó las palabras de Dios, pero no quiso dejar de hacer cosas malas. El rey no quería obedecer las palabras de Dios.

El rey tomó un cuchillo y cortó el rollo con las palabras de Dios. Tiró los pedazos al fuego. ¡El rey quemó las palabras de Dios!

Jeremías obedece otra vez

El rey pensó que así se había librado de las palabras de Dios. Pero Dios le dijo Jeremías: "Vuelve a escribir mis palabras". Jeremías y Baruc obedecieron a Dios. Escribieron las palabras de Dios en otro rollo exactamente como el primero. Y Baruc volvió a leer las palabras de Dios.

Conclusión

Jeremías amaba y obedecía a Dios. Nosotros también podemos amar y obedecer a Dios. La Palabra de Dios nos enseña a obedecer. Cuando amamos a Dios y somos buenos, estamos obedeciendo la Palabra de Dios.

¿Qué hizo Jeremías para ayudar a la gente a obedecer la Palabra de Dios?

¿Dónde puedes encontrar la Palabra de Dios? ¿Qué puedes hacer para obedecerla?

Bible Story Activity 21

Name _____

"obey

"I will

God's

"I will obey God's word." (See Psalm 119:17.)

- Child traces over dotted lines and draws way to obey under word "obey".
- Child cuts as indicated and then tapes scroll pieces together (see sketch on back of page).
- Child rolls scroll up. Teacher ties yarn around scroll.

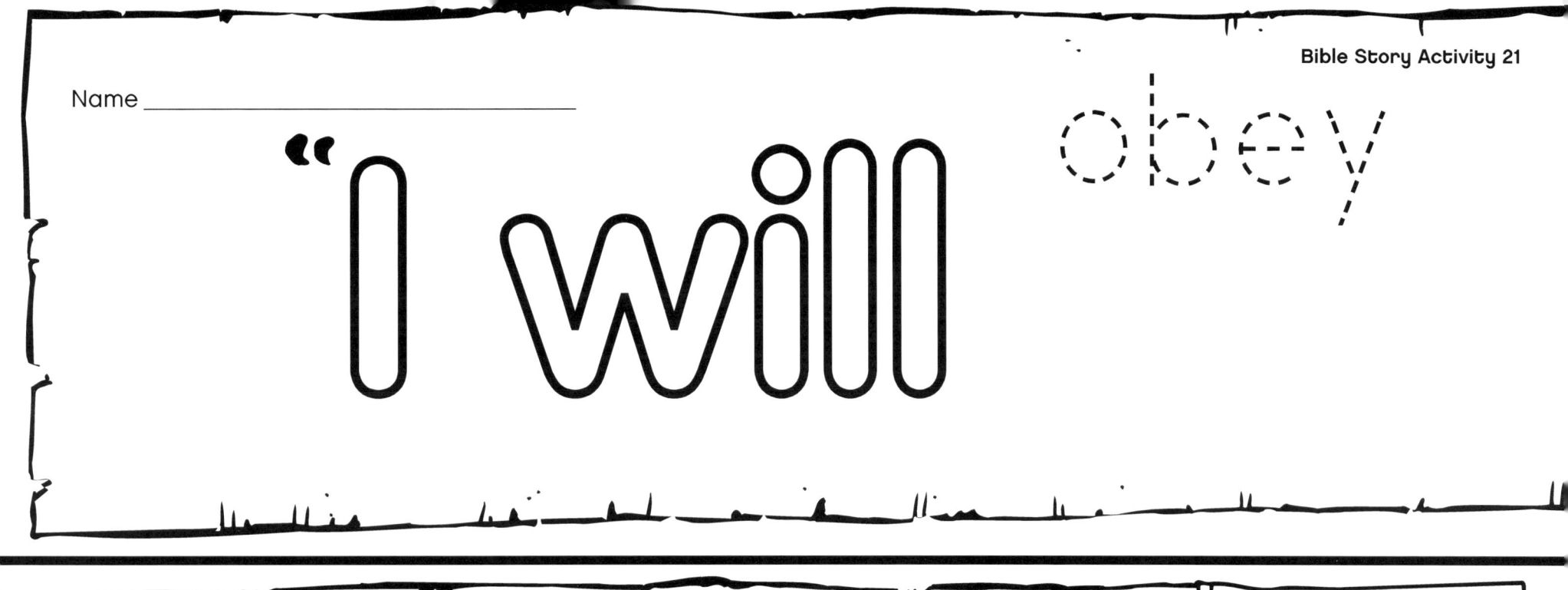

word"

- What did Jeremiah do to help others obey God's Word?
- Where can you find God's Word? What can you do to obey it?

© 2009 Gospel Light. Permission to photocopy granted to the original purchaser only. *The Big Book of Bible Story Activity Pages #1*

Daniel Obeys God Daniel 1

A Faraway Place

Many years ago, a boy named Daniel lived in Jerusalem. One day, King Nebuchadnezzar (nehb-uh-kuhd-NEHZ-uhr) from a country called Babylon came with a strong army. His army took many people from Jerusalem back to Babylon. Daniel and his three friends were taken. They walked for days and days, until they finally came to Babylon.

When they got to Babylon, the king wanted the strongest, healthiest and smartest young men to be his helpers. Daniel and his three friends were chosen! As the king's helpers, Daniel and his friends went to a special school. They learned to speak and read the king's language. They were also supposed to eat food right from the king's table—the same food the king ate!

Foreign Food

The king's food looked and smelled very good. But God had told His people not to eat certain foods. And the king's food was not something they could eat. Daniel and his friends decided to obey God's rules. But what would they eat instead of the king's food?

A Finished Test

Daniel and his three friends asked the king's guard to give them only fresh vegetables to eat and water to drink.

After 10 days, Daniel and his friends looked healthy and strong! So the king's guard let them keep on eating only the food God had said they should. Daniel and his friends were able to do what was right and show they loved God!

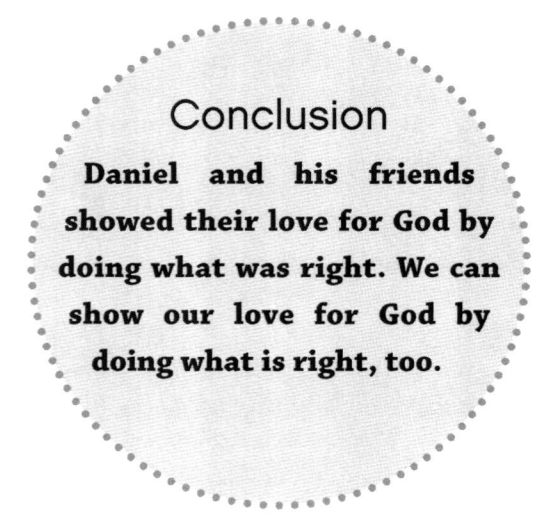

Conclusion

Daniel and his friends showed their love for God by doing what was right. We can show our love for God by doing what is right, too.

Daniel obedece a Dios Daniel 1

Un país lejano

Hace muchos, muchos años, un muchacho llamado Daniel vivía en Jerusalén. Un día, el rey Nabucodonosor vino de un país llamado Babilonia, con ejército muy fuerte. Su ejército llevó a Babilonia muchas personas de Jerusalén. Se llevaron a Daniel y a tres amigos. Caminaron días y días, hasta que por fin llegaron a Babilonia.

Cuando ya estaban en Babilonia, el rey quería que sus ayudantes fueran los jóvenes más fuertes, más sanos, y más inteligentes. ¡Eligieron a Daniel y a sus tres amigos! Como ayudantes del rey, Daniel y sus amigos fueron a una escuela especial. Aprendieron a hablar y a leer en el idioma del rey. También tenían que comer la comida que le servían al rey, ¡comían lo mismo que el rey!

Una comida extraña

La comida del rey parecía deliciosa y olía bien. Pero Dios había dicho a su pueblo que algunos alimentos no podían comerse. Ellos no podían comer de la comida del rey. Daniel y sus amigos decidieron obedecer los mandatos de Dios. Pero, ¿qué comerían si no podían comer la comida del rey?

Un prueba superada

Daniel y sus tres amigos pidieron al guardia del rey que sólo les diera de comer verduras y que tomarían agua.

Después de 10 días, ¡Daniel y sus amigos estaban fuertes y sanos! Entonces el guardia del rey dejó que siguieran comiendo sólo la comida que Dios les dejaba comer. Daniel y sus amigos pudieron portarse bien y mostrar que amaban a Dios.

Conclusión

Daniel y sus amigos se comportan bien y mostraron que amaban a Dios. Nosotros también podemos mostrar que amamos a Dios si hacemos lo que es bueno.

¿Qué hicieron Daniel y sus amigos porque amaban y obedecían a Dios?

¿Qué puedes hacer tú para obedecer a Dios y mostrar cuanto lo amas?

Bible Story Activity 22

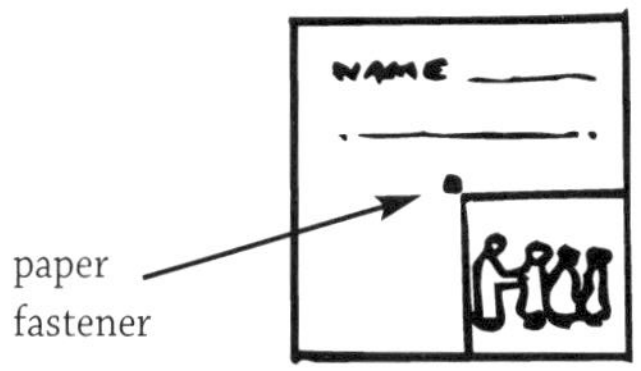

- What did Daniel and his friends do because they loved and obeyed God?
- What can you do to obey God and show you love Him?

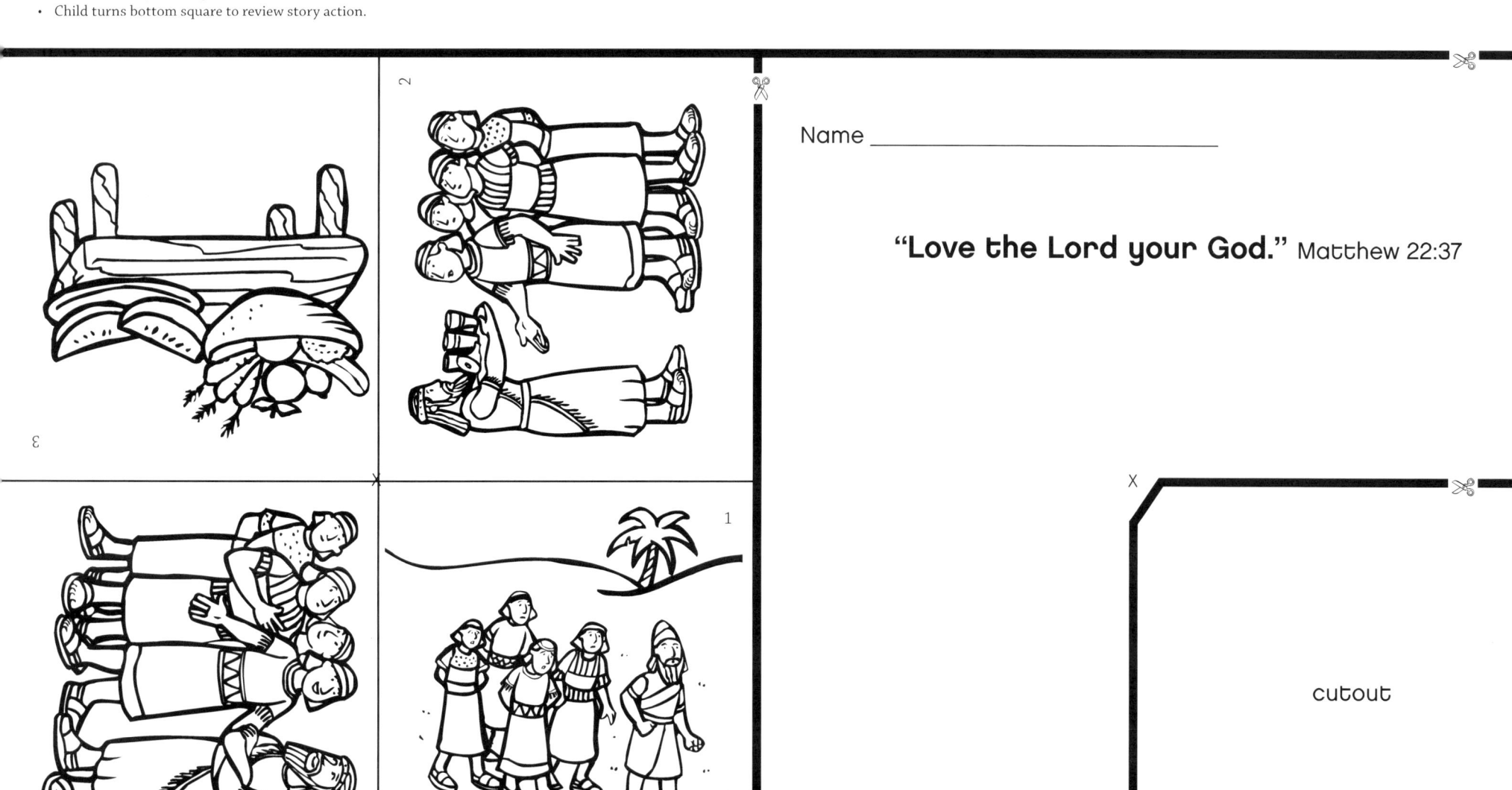

cutout

"Love the Lord your God." Matthew 22:37

Name _____

paper fastener

- Child colors page.
- Child cuts out squares and cuts off cutout.
- Child places verse square over picture square and then pushes paper fastener through X's to fasten squares together.
- Child turns bottom square to review story action.

95

The Fiery Furnace Daniel 3

The King's Statue

Daniel and his three friends worked for King Nebuchadnezzar. One day the king decided to make a big statue of himself. He wanted the statue to be covered with shiny gold. The statue was set up in a place where everyone could come and see it.

The king's messenger told the people, "When the music plays, bow down and pray to this statue. If you do not bow down, you will be thrown in a furnace and be burned up!" (A furnace is like a big fireplace.)

But Daniel's three friends would not pray to the big statue. They would only pray to God! The music began to play. Everyone else bowed down low, but the three friends did not bow down. They stood tall. When King Nebuchadnezzar heard that the three friends had not bowed to his statue, he was angry!

The King's Furnace

The three friends were brought to the king. The king roared, "If you don't bow NOW, you'll be thrown into the furnace!"

The three friends said, "O king, we serve God. We will not worship the statue." That made the king even more angry!

God's Answer

The soldiers tied up the friends. They threw them into the middle of the hot flames in the furnace. Then the king looked in the furnace. He saw the three friends walking safely in the middle of the hot, hot fire! And there was someone else in there, too. It was an angel! God sent an angel to keep the three friends safe.

King Nebuchadnezzar was so surprised! Quickly, he shouted for the friends to come out of the fire. They did! They were not burned at all. They did not even smell like smoke! God had kept them safe!

King Nebuchadnezzar praised the one true God! He said, "From now on, no one may say anything bad about the one true God!"

Conclusion

Daniel's friends loved God. They knew that God always loved and cared for them, no matter what happened. We can love God, too. We can know that He will always love and care for us, no matter where we are.

El horno de fuego Daniel 3

La estatua del rey

Daniel y sus tres amigos trabajaban para el rey Nabucodonosor. Un día, el rey decidió hacerse una estatua de él. Quería que la estatua estuviera cubierta de oro brillante. La estatua se colocó en un lugar donde todos podían ir y verla.

Los mensajeros del rey dijeron: "Cuando suene la música, tienen que inclinarse y orar a esta estatua. Si no se inclinan, ¡los echaremos dentro de un horno de fuego para que se quemen!". (Un horno de fuego es como una gran estufa.)

Pero los tres amigos de Daniel no le oraron a la gran estatua. ¡Ellos sólo oraban a Dios! La música comenzó a sonar. Todo el mundo se arrodilló, pero los tres amigos no se arrodillaron. Permanecieron de pie. Cuando el rey Nabucodonosor se enteró de que los tres amigos no se habían arrodillado ante su estatua, se enojó.

El horno de fuego del rey

Trajeron a los tres amigos ante el rey. El rey estaba furioso: "Si no se inclinan AHORA, ¡los echaré al horno de fuego!"

Los tres amigos dijeron: "Oh rey, nosotros servimos a Dios. No adoraremos tu estatua". ¡Eso hizo que el rey enfureciera más!

La respuesta de Dios

Los soldados ataron a los amigos. Los echaron en medio de las llamas del horno de fuego. Entonces el rey miró dentro del horno de fuego. Ahí estaban los tres amigos ¡andando tranquilamente en ¡medio de las llamas! Pero había otra persona con ellos… ¡Era un ángel! Dios envió un ángel para que no pasara nada a los tres amigos.

¡El rey Nabucodonosor no lo podía creer! Sin perder tiempo, gritó a los amigos que salieran en seguida del fuego. ¡Y salieron! No tenían ninguna quemadura. Ni siquiera olían a humo. ¡Dios los había salvado!

El rey Nabucodonosor alabó al único y verdadero Dios. Dijo: "A partir de ahora, nadie puede decir nada malo sobre el único y verdadero Dios".

Conclusión

Los amigos de Daniel amaban a Dios. Sabían que Dios siempre los amaba y los cuidaba, a pesar de todo lo que pudiera pasarles. Nosotros también podemos amar a Dios. Sabemos que Él siempre nos amará y cuidará de nosotros, en todo lugar.

¿Cómo mostró Dios que amaba y cuidaba a los tres amigos?

¿Dónde cuida Dios de ti?

Bible Story
Activity 23

Name _____

"I trust in the Lord." Psalm 31:6

- What did God do to show His love and care for the three friends?
- Where does God care for you?

- Child colors page.
- Teacher cuts off angel figure and helps child tape figure over page at X.
- Child flips figure to retell story action.

© 2009 Gospel Light. Permission to photocopy granted to the original purchaser only. *The Big Book of Bible Story Activity Pages #1* 99

The Writing on the Wall Daniel 5

A New King

King Belshazzar (behl-SHAHZ-uhr) was the new king of Babylon. King Belshazzar liked to have lots of parties. One night the king had a big party. He and his friends drank from beautiful gold cups. The cups had been stolen from God's Temple. The king did not care that these things belonged to God. The king did not love or obey God.

A Message from God

Suddenly, something very strange happened. A big hand appeared! The finger of the hand began to write on the wall!

King Belshazzar watched the hand. He was very scared! No one could tell what the writing meant. The king called his wise helpers. None of them knew what the writing meant.

The king didn't know what to do! The queen told King Belshazzar that a man named Daniel was very wise. Daniel was a man who loved God and obeyed God. She said, "Send for Daniel and ask him what the writing means."

A Warning

Daniel came to see King Belshazzar. The king asked Daniel to tell him what the writing meant. Daniel told the king that the words were God's words. Daniel always listened and obeyed God's words. God knew King Belshazzar had not loved or obeyed God.

"Now," said Daniel, "God is going to end your time as king. A new king will take your place."

Another New King

That very same night, God's warning came true. Another king came and took over the city. And Daniel was given a new job by the new king!

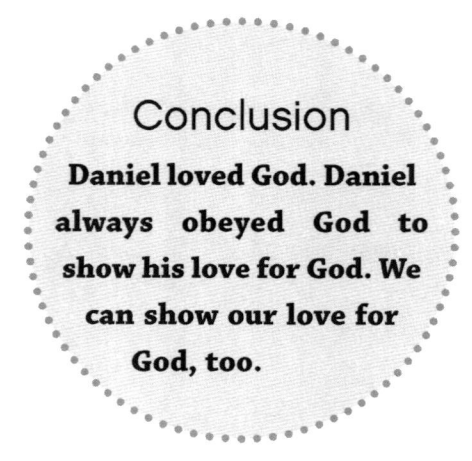

Conclusion

Daniel loved God. Daniel always obeyed God to show his love for God. We can show our love for God, too.

La escritura en la pared Daniel 5

Un nuevo rey

El rey Belsasar era el nuevo rey de Babilonia. Al rey Belsasar le gustaban las fiestas. Una noche, el rey estaba en una gran fiesta. Él y sus amigos bebían de unas hermosas copas de oro. Eran copas robadas del templo de Dios. Al rey no le importaba que esas copas fueran de Dios. El rey no amaba ni obedecía a Dios.

Un mensaje de Dios

De pronto, sucedió algo muy extraño. Apareció una mano enorme. ¡Los dedos de la mano comenzaron a escribir sobre la pared!

El rey Belsasar observó la mano. Estaba muy asustado. Nadie le podía explicar lo que significaba esa escritura. El rey llamó a sus ayudantes más sabios. Ninguno pudo decir qué significa lo que estaba escrito en la pared.

El rey no sabía qué hacer. La reina dijo al rey Belsasar que había un hombre llamado Daniel que era muy sabio. Daniel era un hombre que amaba a Dios y obedecía a Dios. Ella dijo: "Vayan a buscar a Daniel y pídanle que nos diga qué significa esta escritura".

Una advertencia

Daniel vino a ver al rey Belsasar. El rey le pidió a Daniel que le dijera qué significaba la escritura. Daniel dijo al rey que las palabras eran de Dios. Daniel siempre escuchaba y obedecía las palabras de Dios. El Señor sabía que el rey Belsasar no lo amaba ni le obedecía.

"Ahora", dijo Daniel, "Dios terminará tu reinado. Un nuevo rey ocupará tu lugar".

Otro nuevo rey

Esa misma noche, la advertencia de Dios se hizo realidad. Llegó otro rey y conquistó la ciudad. El nuevo rey dio a Daniel un nuevo trabajo.

Conclusión

Daniel amaba a Dios. Daniel siempre obedecía a Dios para mostrar que amaba a Dios. Nosotros también podemos mostrar que amamos a Dios.

¿Qué hizo el rey en vez de obedecer a Dios?

¿Qué puedes hacer para obedecer a Dios?

Bible Story
Activity 24

Name _____

- Child colors page.
- Child folds and unfolds page to show scenes and retell story action.

© 2009 Gospel Light. Permission to photocopy granted to the original purchaser only. *The Big Book of Bible Story Activity Pages #1*

Scene 1

103

© 2009 Gospel Light. Permission to photocopy granted to the original purchaser only. *The Big Book of Bible Story Activity Pages #1*

- What did the king do instead of obeying God?
- What can you do to obey God?

Scene 3

104

The Lions' Den Daniel 6

An Important Job

Daniel was an important helper to the king. Daniel loved God. One way Daniel showed his love was by praying to God. Daniel prayed to God one, two, three times every day.

Some Angry Men

The king liked Daniel very much. But there were some men who did not like Daniel. They were angry that the king liked Daniel better than he liked them. These angry men thought of a plan to get Daniel in trouble with the king. They went to the king and said, "King, we think you should make a rule that everyone must pray only to you. If people pray to anyone else but you, they will be thrown into a cave filled with lions!"

The king thought this rule was a good idea. The king sent helpers to tell all the people they must pray only to him.

A Lion Cave

The next day Daniel opened his window, just like he always did. Daniel prayed to God, just like he always did. He did not pray to the king. The mean men watched as Daniel prayed to God. Then the angry men ran to tell the king what they saw.

The king was sad. The king did not want Daniel to be hurt, but the king had to obey the rule, too. Daniel was put into a big cave where lions lived. All night long the king worried that the lions would hurt Daniel!

A New Law

The next morning, the king ran to the lions' cave. He called, "Daniel! DANIEL!" He waited. He listened. Then he heard Daniel's voice!

"King, I am safe! God took care of me!" said Daniel. The king was so glad that Daniel was not hurt!

Daniel came out of the cave. The king knew that God had helped Daniel. God had kept him safe from the lions. The king sent a message to all his people that they should pray to God as Daniel did.

Conclusion

Daniel loved God and prayed to Him every day. We can pray to God, too. We can tell God that we love Him.

El foso de los leones Daniel 6

Un trabajo importante

Daniel era un ayudante importante del rey. Daniel amaba a Dios. Una de las maneras en que Daniel mostraba que amaba a Dios era orando. Daniel oraba a Dios una, dos, tres veces al día.

Unos hombres enojados

El rey quería mucho a Daniel. Pero había unos hombres que no querían a Daniel. Estaban enojados porque el rey quería más a Daniel que a ellos. Estos hombres enojados idearon un plan para causar problemas a Daniel con el rey. Se presentaron ante el rey y le dijeron: "Rey, pensamos que tendrías que hacer una ley para que la gente ore sólo al rey. El que ore a cualquier otra persona, será echado a un foso lleno de leones".

El rey pensó que una ley así sería una buena idea. El rey envió ayudantes para informar a toda la gente que deberían orar sólo a él.

El foso de los leones

Al día siguiente, Daniel abrió la ventana, como hacía todos los días. Daniel oró a Dios, como hacía todos los días, y no oró al rey. Los hombres malos vieron a Daniel orando a Dios. Los hombres malos fueron corriendo a decir al rey lo que habían visto.

El rey estaba triste. El rey no quería hacer daño a Daniel, pero el rey también tenía que obedecer la ley. Pusieron a Daniel en un gran foso donde vivían los leones. El rey pasó toda la noche preocupado por Daniel, porque temía que los leones lo devoraran.

Una ley nueva

A la mañana siguiente, el rey fue corriendo al foso de los leones. Llamó a Daniel: "¡Daniel! ¡DANIEL!" Esperó. Escuchó… y entonces escuchó la voz de Daniel.

"Rey, ¡estoy bien! Dios me cuidó", dijo Daniel. El rey estaba muy contento porque no le había pasado nada a Daniel.

Daniel salió del foso. El rey sabía que Dios había ayudado a Daniel. Dios lo había salvado de los leones. El rey mandó a todo su pueblo orar a Dios como oraba Daniel.

Conclusión

Daniel amaba a Dios y oraba a Él todos los días. Nosotros también podemos orar a Dios. Podemos decir a Dios cuánto lo amamos.

¿Qué hizo Daniel para mostrar que amaba a Dios?

¿Cuándo puedes orar a Dios y decirle que lo amas?

Bible Story Activity 25

"I pray to you, O Lord." Psalm 69:13

Name

- Child colors page.
- Teacher cuts page and helps child fasten booklet together, inserting paper fastener through X's.
- Child looks at booklet to review story.

- What did Daniel do that showed he loved God?
- When can you pray to God and tell Him you love Him?

© 2009 Gospel Light. Permission to photocopy granted to the original purchaser only. *The Big Book of Bible Story Activity Pages #1*

Jonah and the Big Fish Jonah

Jonah Hears

Jonah told people messages from God. One day, God told Jonah, "Go to Nineveh. Tell the people that they need to stop doing wrong things."

Jonah Runs Away

But Jonah did not like the people of Nineveh. Jonah got into a boat that was going far away from Nineveh.

Soon God sent a big storm. The waves crashed, the wind blew, and the water spilled over the boat. All the sailors were very afraid!

Jonah knew that God sent the storm. God sent the storm because Jonah did not obey God.

Jonah told the sailors, "Throw me into the ocean. Then the storm will stop."

One, two, THREE! The sailors threw Jonah into the water. Sure enough, the waves and the wind stopped.

Jonah Waits

The boat was safe. But Jonah was in the ocean. Then God sent a huge fish! The fish opened its mouth wide and WHOOSH! Jonah was in the belly of the big fish!

Jonah prayed. He thanked God for taking care of him, even though he had not obeyed. Jonah prayed and he waited. He prayed and waited some more. Then God sent that big fish close to the land.

Jonah Obeys

The fish began to cough and choke and then he coughed Jonah right up onto the beach! God talked to Jonah again.

God said, "Go! Tell those people they have not obeyed Me!" And this time Jonah obeyed! He went to Nineveh. He told the people that they did not obey God. The people listened. Then they obeyed God. They asked God to forgive them! And God did! God loved them, even though they had done wrong things.

Conclusion

Jonah did not want to show God's love. But God sent the big storm and the big fish to help Jonah learn that God wanted him to show love. We can show love by obeying God. We can show God's love by being kind to others.

Jonás y el gran pez Jonás

Jonás escucha

Jonás predicaba a la gente los mensajes que recibía de Dios. Un día, Dios le dijo a Jonás: "Ve a Nínive. Di a la gente que tienen que dejar de hacer cosas malas".

Jonás se escapa

Pero a Jonás no le agradaba la gente de Nínive. Jonás se subió a un barco para irse a un lugar lejos de Nínive.

Pronto Dios envió una gran tormenta. Las olas sacudían el barco, el viento soplaba, y el barco se llenó de agua. ¡Los marineros tenían mucho miedo!

Jonás sabía que Dios había enviado la tormenta. Dios envió la tormenta porque Jonás no le había obedecido.

Jonás dijo a los marineros: "Échenme al mar. Y entonces la tormenta pasará".

Uno, dos, y ¡TRES! Los marineros echaron a Jonás al agua. Dicho y hecho: las olas y el viento se calmaron.

Jonás espera

El barco se salvó, pero Jonás estaba en el mar. Entonces Dios envió un gran pez. El pez abrió la boca bien grande y ¡GLUG! se lo tragó. Jonás terminó en la barriga de un gran pez.

Jonás oró. Agradeció a Dios porque lo había cuidado, aunque él no le había obedecido. Jonás oró y esperó. Oró y esperó un poco más. Entonces Dios mandó al gran pez que nadara cerca de la costa.

Jonás obedece

El pez comenzó a toser, se atoró, y tosió hasta que escupió a Jonás en la playa. Dios volvió a hablar con Jonás.

Dios dijo: "¡Ve! Di a esa gente que aún no se han arrepentido". ¡Esta vez Jonás obedeció! Se fue a Nínive. Allí dijo a la gente que no estaban obedeciendo a Dios. La gente escuchó. Entonces obedecieron a Dios. Pidieron a Dios que los perdonara. ¡Y Dios los perdonó! Dios los amaba, aunque habían hecho tantas cosas malas.

Conclusión

Jonás no quería mostrar el amor de Dios. Pero Dios envió una gran tormenta y un gran pez para que Jonás aprendiera que Dios quería que mostrara amor. Nosotros podemos amar y obedecer a Dios. Podemos mostrar el amor de Dios por ser buenos con los demás.

¿Qué hizo Jonás en vez de obedecer a Dios?

¿Qué puedes hacer para obedecer a Dios y mostrar que amas a los demás?

Bible Story Activity 26

Scene 1

Name _____

- Teacher cuts slit by rolling page.
- Child colors page.
- Child cuts off Jonah figure and retells story action by moving Jonah from boat into slit in Scene 1 and by moving Jonah from beach to Nineveh along road in Scene 2.

- **What did Jonah do instead of obeying God?**
- **What can you do to obey God by showing love to others?**

© 2009 Gospel Light. Permission to photocopy granted to the original purchaser only. *The Big Book of Bible Story Activity Pages #1*

111

Scene 2

"We will do everything the Lord has said."
Exodus 19:8

Mary Hears Good News   Matthew 1:18-25; Luke 1:26-56

God's Promise

A long, long time ago, God promised He would send His special Son. God's people waited and waited and waited. They wanted God to send His Son. One person who waited for God's promise was a young woman named Mary.

Mary's News

One day Mary was alone. She looked up. Standing right there beside her was an angel! Mary had never seen an angel before!

"Hello, Mary," the angel said. "God is with you." Mary was surprised and afraid. Mary wondered why the angel had come to talk to her.

"Don't be afraid, Mary," the angel said. "God loves you. He has chosen you to be the mother of a very special baby. You will name the baby Jesus. This special baby will be God's own Son!" Mary was glad to hear this promise!

Mary's Visit

How exciting! Mary wanted to tell her cousin Elizabeth the good news. Mary quickly packed for the long trip to Elizabeth's house. She walked all the way to Elizabeth's house.

When Mary arrived, Elizabeth said, "Mary, you're a special woman and your baby is very special."

Mary was glad. She thanked God. She told God she loved Him. God's promise made so long ago was now going to come true!

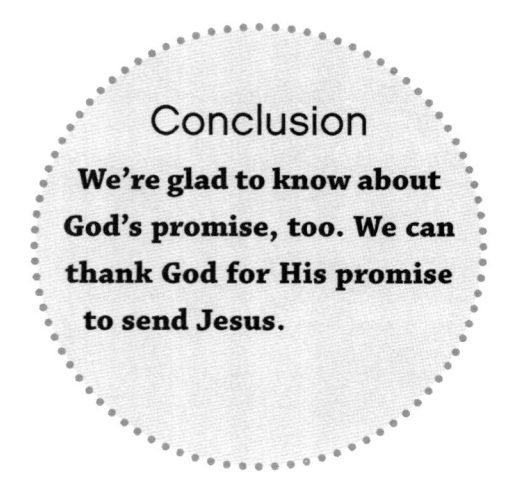

Conclusion

We're glad to know about God's promise, too. We can thank God for His promise to send Jesus.

María escucha unas buenas noticias

Mateo 1:18-25; Lucas 1:26-56

La promesa de Dios

Hace mucho, mucho tiempo, Dios prometió que enviaría a su Hijo especial. El pueblo de Dios esperó y esperó y esperó…Querían que Dios enviara a su Hijo. Una persona que esperaba la promesa de Dios era una joven mujer llamada María.

María recibe una noticia

Un día María estaba sola. Levantó la vista. Delante mismo de ella había un ángel. María nunca había visto un ángel.

"Hola, María", dijo el ángel. "Dios está contigo". María se sorprendió y tuvo miedo. María se preguntaba por qué un ángel quería hablar con ella.

"No tengas miedo, María", dijo el ángel. "Dios te ama. Él te escogió para ser la madre de un bebé muy especial. Le pondrás por nombre Jesús. Este bebé especial será el propio Hijo de Dios". María se puso contenta cuando escuchó esta promesa.

La visita de María

¡Qué emocionante! María quería contar a su prima Elisabet esta buena noticia. María empacó sus cosas para el largo viaje a la casa de Elisabet. Caminó mucho hasta llegar a la casa de Elisabet.

Cuando María llegó, Elisabet dijo: "María, eres una mujer especial y tu bebé es muy especial".

María estaba contenta. Agradeció a Dios. Le dijo a Dios que lo amaba. La promesa que Dios había hecho hacía mucho tiempo ¡ahora se haría realidad!

Conclusión

Estamos contentos porque también conocemos la promesa de Dios. Podemos agradecer a Dios por su promesa de enviar a Jesús.

¿Quién le habló a María?

¿Qué puedes decir para agradecer a Dios por sus promesas?

"God loved us and sent his Son."
(See 1 John 4:10.)

Picture 3

------- fold -------

Name _____

Bible Story Activity 27

Picture 1

- Teacher prefolds page.
- Child colors page.
- Child folds and opens page to show story action.

- **Who talked to Mary?**
- **What can we say to thank God for His promise?**

© 2009 Gospel Light. Permission to photocopy granted to the original purchaser only. *The Big Book of Bible Story Activity Pages #1*

115

Picture 2

116

Jesus Is Born Luke 2:1-7

A Long Trip

One day Joseph said to Mary, "We must go to Bethlehem. We must write our names in the king's book." So Joseph and Mary began to pack for their trip. When all their things were packed, they started to go to Bethlehem.

Mary probably rode on a donkey. Clippety-clop, clippety-clop! The donkey's feet went clippety-clop against the rocks on the road. Joseph walked beside her.

It was a long, hard, bumpy ride for Mary. It was almost time for Mary to have a baby. Mary and Joseph knew that this baby would be very special. This baby would be God's Son, Jesus.

No Room!

Soon it was almost nighttime. Mary was getting tired! How much farther would they have to go? Finally they saw the town of Bethlehem ahead.

But when Mary and Joseph got to Bethlehem, the city was FULL of people! There was no room for them any place. The innkeeper said that every room was full.

Jesus' Birth

So Mary and Joseph went to a stable where animals were kept. They slept on the straw. There in the stable, in the quiet nighttime, baby Jesus was born.

Mary wrapped baby Jesus in warm clothes. Then she laid Him on soft hay in the manger.

Mary and Joseph wanted to take good care of baby Jesus. Jesus is God's special Son!

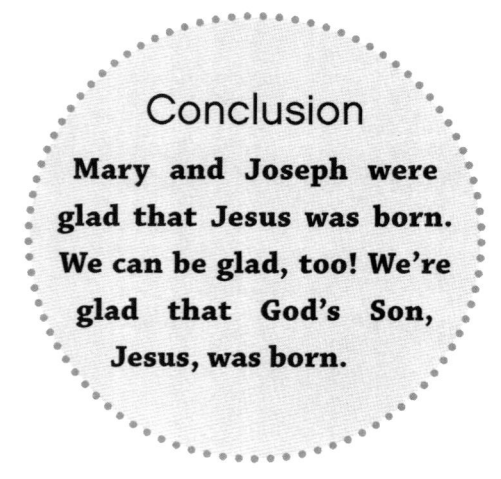

Conclusion

Mary and Joseph were glad that Jesus was born. We can be glad, too! We're glad that God's Son, Jesus, was born.

Nace Jesús Lucas 2:1-7

Un viaje muy largo

Un día, José le dijo a María: "Tenemos que ir a Belén. Tenemos que anotar nuestros nombres en el libro del rey". José y María comenzaron a empacar sus cosas para el viaje. Cuando tenían todo empacado, se pusieron en camino a Belén.

María probablemente iba amontada en un burrito. Clop-ti, clop, clop-ti clop.

Clop-ti clop, clop … sonaban las patas del burrito al pisar y chocar las piedras del camino. José iba a su lado.

Fue un viaje muy largo e incómodo para María. A María le faltaba muy poco tiempo para que naciera el bebé. María y José sabían que este bebé sería muy especial. El niño sería el Hijo del Dios, Jesús.

¡No hay lugar!

Pronto se hizo la noche. María estaba muy cansada. ¿Cuánto faltaba para llegar? Por fin vieron la ciudad de Belén en la distancia.

Pero cuando María y José llegaron a Belén, ¡la ciudad estaba LLENA de gente! No tenían un lugar donde dormir. El dueño de la posada les dijo que todos los cuartos estaban ocupados.

El nacimiento de Jesús

María y José entonces fueron a un establo, donde se guardaban los animales. Durmieron sobre la paja. En el establo, en la tranquilidad de la noche, nació Jesús.

María envolvió a Jesús con ropa para abrigarlo. Luego lo acostó en la paja suave de un pesebre.

María y José querían cuidar bien al niño Jesús. ¡Jesús es el Hijo especial de Dios!

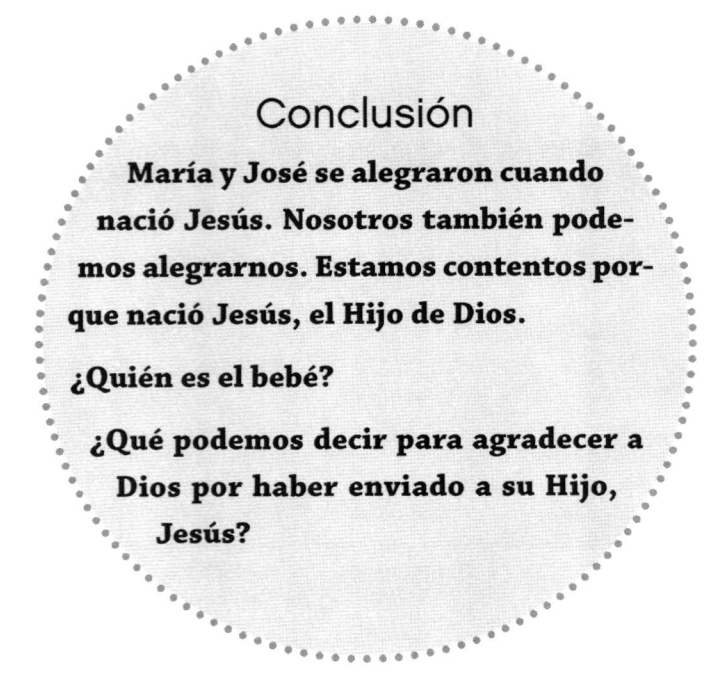

Conclusión

María y José se alegraron cuando nació Jesús. Nosotros también podemos alegrarnos. Estamos contentos porque nació Jesús, el Hijo de Dios.

¿Quién es el bebé?

¿Qué podemos decir para agradecer a Dios por haber enviado a su Hijo, Jesús?

Name _____

Bible Story Activity 28

"Good news! Today Jesus has been born."
(See Luke 2:10-11.)

- Teacher cuts off Jesus and Mary figures and prefolds page.
- Child colors page.
- Child folds page and places figures in flap to show story action.

- **Who is the baby?**
- **What can we say to thank God for sending His Son, Jesus?**

---------- Fold up. ----------

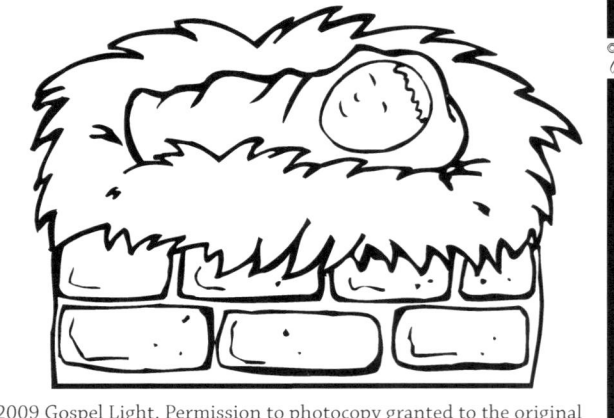

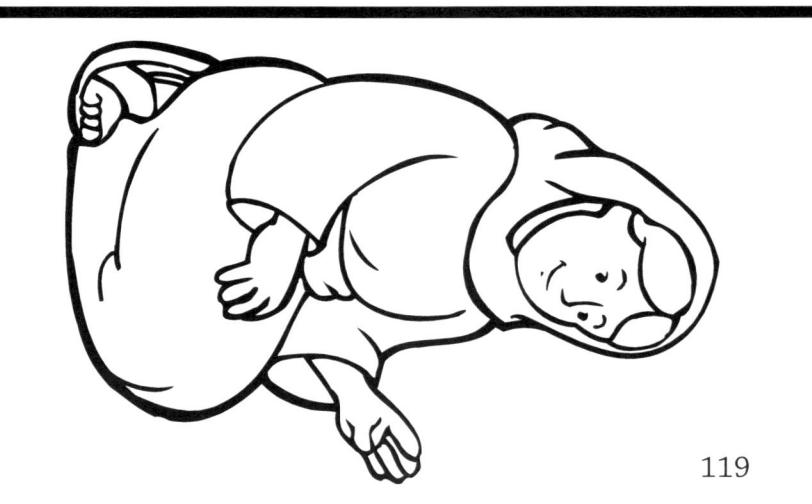

2009 Gospel Light. Permission to photocopy granted to the original purchaser only. *The Big Book of Bible Story Activity Pages #1*

119

Angels Tell the News Luke 2:8-20

Shepherds Watch at Night

Some shepherds were out in the fields at night. They were watching their sheep. All the sheep were sleeping. Stars twinkled high in the nighttime sky. Everything was still and quiet.

Angels Come!

Suddenly, the shepherds saw a bright light coming from the dark sky! *What could this be?* they worried. Then they saw an angel! The shepherds were VERY afraid!

"Do not be afraid," the angel said. "I have good news to tell you. Today in Bethlehem, a Savior has been born for you. You will find this special baby lying in a manger."

Before the shepherds could say a word, the sky was FULL of angels. The angels thanked God that Jesus was born. Then the angels left and went back to heaven. The nighttime sky grew dark and quiet again.

Shepherds Find the Baby

The shepherds said, "Let's go right now and find this special baby." The shepherds hurried as fast as they could go. They ran down the hill. Then they ran along the road to Bethlehem. When they came to the stable, they saw Mary and Joseph.

Quietly the shepherds came near to see the baby. And in the manger lay baby Jesus, just as the angel had said.

Shepherds Tell Good News

The shepherds were excited and happy about the baby Jesus. "Jesus is born!" they told everyone they saw. Then the shepherds went back to their sheep. And they praised and thanked God for sending His Son, Jesus.

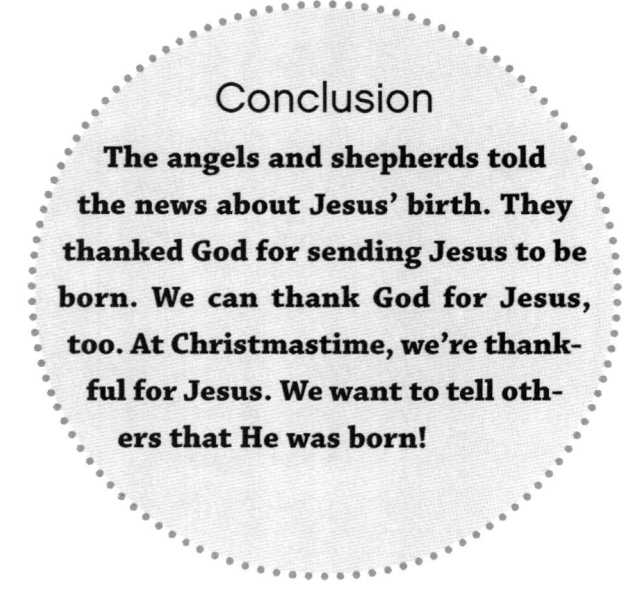

Conclusion

The angels and shepherds told the news about Jesus' birth. They thanked God for sending Jesus to be born. We can thank God for Jesus, too. At Christmastime, we're thankful for Jesus. We want to tell others that He was born!

Los ángeles dan la noticia Lucas 2:8-20

Los pastores en la noche

Era de noche, y había unos pastores en el campo. Estaban cuidando sus ovejas. Todas las ovejas dormían. Las estrellas brillaban en el cielo. Todo estaba tranquilo y en silencio.

¡Llegan los ángeles!

De pronto, los pastores vieron una luz brillante en la oscuridad del cielo. ¿Qué podría ser?, se preguntaban. Entonces vieron a un ángel. ¡Los pastores tenían MUCHO miedo!

"No tengan miedo", les dijo el ángel. "Tengo buenas noticias para ustedes. Hoy, en Belén, les nació un Salvador. Encontrarán a este niño especial acostado en un pesebre".

Antes que los pastores pudieran decir nada, el cielo se LLENÓ de ángeles. Los ángeles agradecieron a Dios porque Jesús había nacido. Los ángeles luego se fueron, regresaron al cielo. Todo estaba oscuro y en silencio en la noche.

Los pastores encuentran al niño

Los pastores dijeron: "Vamos a buscar ahora a este niño especial". Los pastores corrieron lo más rápido que pudieron. Bajaron por la montaña. Corrieron y corrieron por el camino que iba a Belén. Cuando llegaron al establo, vieron a María y a José.

En silencio, los pastores se acercaron para ver al bebé. El niño Jesús estaba acostado en el pesebre, exactamente como los ángeles les habían dicho.

Los pastores anuncian las buenas noticias

Los pastores estaban emocionados y contentos con el niño Jesús. "¡Nació Jesús!", decían a todas las personas que veían. Los pastores luego regresaron a sus ovejas. Y alabaron y agradecieron a Dios por enviar a su Hijo, Jesús.

Conclusión

Los ángeles y los pastores dieron la noticia del nacimiento de Jesús. Agradecieron a Dios por enviar a Jesús para que naciera. Nosotros también podemos agradecer a Dios por Jesús. En Navidad, damos gracias por Jesús. ¡Queremos contar a todo el mundo que Jesús nació!

¿Qué buenas noticias dieron los ángeles a los pastores? ¿Qué hicieron los pastores?

¿Qué puedes decir tú para agradecer a Dios por haber enviado a Jesús? ¿A quién le podrías decir que Jesús nació?

Name _____

Bible Story Activity 29

- Child colors page.
- Child folds down corner flaps, opens flaps and then turns page over to retell Bible story.

- **What good news did the angels tell the shepherds? What did the shepherds do?**
- **What can you say to thank God for Jesus? Who can you tell that Jesus was born?**

© 2009 Gospel Light. Permission to photocopy granted to the original purchaser only. *The Big Book of Bible Story Activity Pages #1*

123

"It is good to give thanks to the Lord."
(See Psalm 92:1)

© 2009 Gospel Light. Permission to photocopy granted to the original purchaser only. *The Big Book of Bible Story Activity Pages #1*

fold back

Wise Men Give Gifts Matthew 2:1-12

Star to Jesus

Clop, clop, clop went the camels' feet. The camels carried the wise men on their backs. The wise men had seen a very bright star high in the sky. God had put the star in the sky. The wise men knew the star meant a special baby had been born. The wise men wanted to see this special baby.

After many nights, the wise men came to a big city. They went to talk to the king, whose name was Herod. They asked him, "Where is the special baby God has sent? We saw His star. We want to see Him."

Road to Bethlehem

King Herod was surprised! He called his teachers to ask them where this special baby had been born. They said, "God's Word says the special baby will be born in Bethlehem."

"Bethlehem is close by," said the wise men. "Let's hurry and find the baby." The wise men climbed up on the camels' backs and started toward Bethlehem.

"Look!" said one wise man as they came to the town. "There's the star!" As the wise men got closer, the star shone above one house. The wise men got down off the camels' backs. The wise men opened their saddlebags and carefully took out beautiful gifts.

Gifts for Jesus

The wise men found Mary and Jesus. Jesus was the special baby they had been looking for. But Jesus was not a baby anymore. He was a little boy now. The wise men gave Jesus their gifts. They gave Him gold and some sweet-smelling perfumes. These were special gifts for a special child.

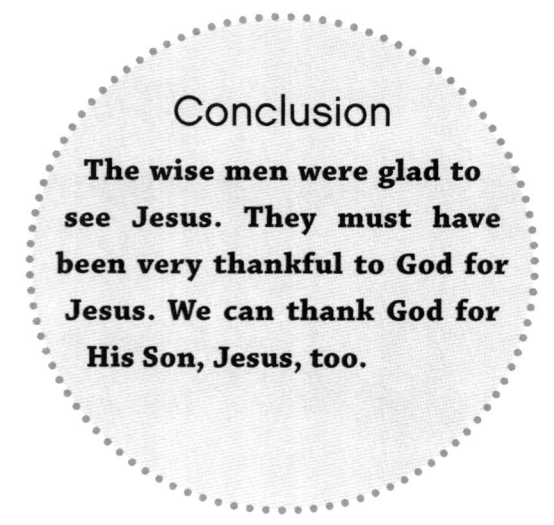

Conclusion

The wise men were glad to see Jesus. They must have been very thankful to God for Jesus. We can thank God for His Son, Jesus, too.

Los sabios traen regalos Mateo 2:1-12

La estrella que llevaba hacia Jesús

Clop-ti clop, clop sonaban las patas de los camellos. Montados en los camellos venían unos hombres sabios que habían visto una estrella muy brillante en el cielo. Dios había puesto la estrella en el cielo. Los sabios sabían que la estrella significaba que había nacido un niño especial. Los sabios querían conocer a este niño especial.

Después de andar muchas noches, los sabios llegaron a una gran ciudad. Fueron a hablar con el rey, que se llamaba Herodes. Le preguntaron: "¿Dónde está el niño especial que envió Dios? Vimos su estrella. Queremos verlo".

El camino a Belén

El rey Herodes se sorprendió. Llamó a sus expertos y les preguntó dónde debía nacer este niño especial. Le dijeron: "La Palabra de Dios dice que este niño especial nacerá en Belén".

"Belén no queda lejos", dijeron los sabios. "Apurémonos y vamos a conocer al niño". Los sabios volvieron a subirse a sus camellos y se dirigieron a Belén.

"¡Miren!", dijo uno de los sabios mientras se acercaban al pueblo. "¡La estrella!" Conforme los sabios se acercaban, la estrella brillaba sobre una de las casas. Los sabios se bajaron de los camellos, abrieron sus bolsas, y con cuidado sacaron unos hermosos regalos.

Regalos para Jesús

Los sabios encontraron a María y a Jesús. Jesús era el niño especial que estaban buscando. Pero Jesús ya no era un bebé. Ahora era un pequeño niño. Los sabios entregaron sus regalos a Jesús. Le regalaron oro y unos perfumes muy agradables. Eran regalos especiales para un niño especial.

Conclusión

Los sabios se alegraron de ver a Jesús. Estaban muy agradecidos a Dios por enviar a Jesús. Nosotros también podemos agradecer a Dios por haber enviado a Jesús.

¿A dónde iban los sabios?

¿Cuándo puedes agradecer a Dios por haber enviado a Jesús?

Bible Story
Activity 30

"I will praise you, O Lord."
2 Samuel 22:50

Name _____

- Child colors page.
- Child moves finger along path to show story action.

- Where are the wise men going?
- When can you thank God for Jesus?

© 2009 Gospel Light. Permission to photocopy granted to the original purchaser only. *The Big Book of Bible Story Activity Pages #1*

127

Jesus Tells of God's Love Matthew 6:25-34; Luke 12:22-31

The Birds

One day Jesus was sitting on a hill talking with His friends. "Look at those birds up in the sky," Jesus said. "Just think about those birds." Jesus' friends watched as the birds flew high in the air. The birds ate the grain that grew in the fields. At night they had a place to sleep in the trees.

"Those birds don't plant the seeds they eat," Jesus said. "But God, your Father in heaven, feeds each one. He cares about them."

The Flowers

Then Jesus might have bent down and picked a beautiful flower. "Think about the way the flowers grow," Jesus said. "Flowers don't sew their leaves onto their stems with a needle and thread. Yet even kings do not wear clothes as beautiful as this flower." Jesus' friends listened.

Then Jesus said, "God makes beautiful flowers. And He cares about them. He sends rain. He sends the warm sun to help the flowers grow. If God does that for the flowers, He will surely take care of you! He loves you much more than birds and flowers."

God's Care

Jesus told His friends, "Do not worry about what to eat or what to wear. Our Father in heaven knows just what you need. Remember, God cares about you. He will give you all you need."

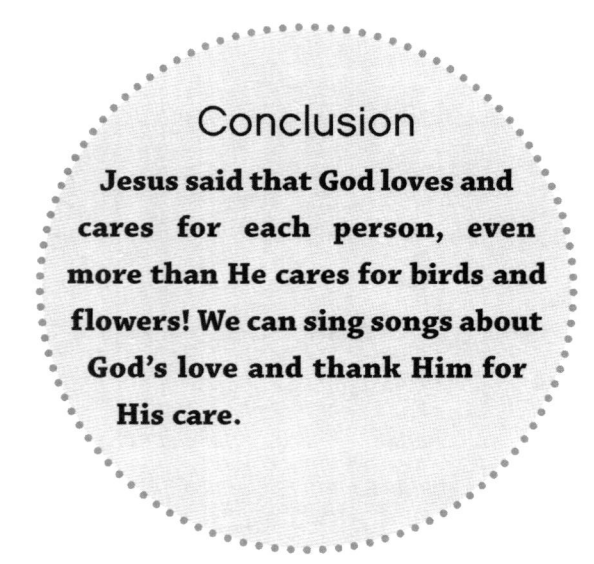

Conclusion

Jesus said that God loves and cares for each person, even more than He cares for birds and flowers! We can sing songs about God's love and thank Him for His care.

Jesús habla del amor de Dios   Mateo 6:25-34; Lucas 12:22-31

Las aves

Un día Jesús estaba sentado en una colina, hablando con sus amigos. "Miren las aves del cielo", dijo Jesús. "Piensen en esas aves". Los amigos de Jesús miraron cómo las aves volaban alto en el aire. Los pájaros comían los granos que crecían en el campo. De noche, tenían un nido para dormir en los árboles.

"Esas aves no plantan las semillas que comen", dijo Jesús. "Pero Dios, el Padre que está en el cielo, las alimenta a cada una. Se preocupa de ellas".

Las flores

Entonces Jesús se inclinó y recogió una hermosa flor. "Piensen cómo crecen las flores", dijo Jesús. "Las flores no cosen con aguja e hilo las hojas de sus tallos. Sin embargo, ni siquiera los reyes se visten con tanta hermosura como esta flor". Los amigos de Jesús escuchaban.

Entonces Jesús dijo: "Dios hizo las flores hermosas. Se preocupa de ellas". Envía la lluvia. Envía el tibio sol para que las flores crezcan. Si Dios hace eso por las flores ¡cómo no cuidará de ti! Él te ama mucho más que a las aves y las flores".

El cuidado de Dios

Jesús dijo a sus amigos: "No se preocupen por la comida ni por la ropa. Su Padre que está en el cielo sabe lo que ustedes necesitan. Recuerden, Dios cuida de ustedes. Él les dará todo lo que necesiten".

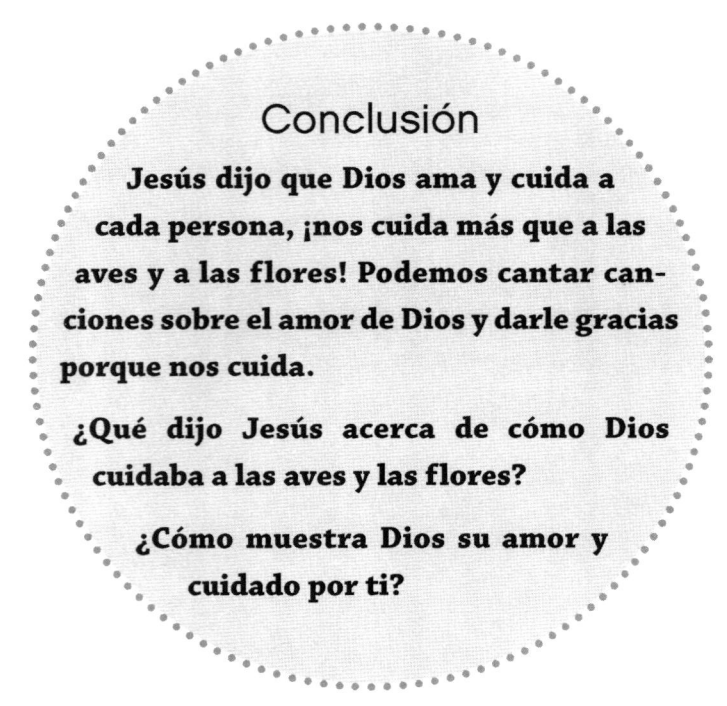

Conclusión

Jesús dijo que Dios ama y cuida a cada persona, ¡nos cuida más que a las aves y a las flores! Podemos cantar canciones sobre el amor de Dios y darle gracias porque nos cuida.

¿Qué dijo Jesús acerca de cómo Dios cuidaba a las aves y las flores?

¿Cómo muestra Dios su amor y cuidado por ti?

Name _____

Bible Story Activity 31

"I will sing of the Lord's great love forever."
Psalm 89:1

------------ fold ------------

------------------------------ fold down ------------------------------

------------ fold ------------

- Child colors page.
- Child folds page in half along center line and then cuts on lines on back of page (see sketch on back of page).
- Child reopens page and folds tab forward to create a pop-out flower.

- **What did Jesus say about God's care for the birds and the flowers?**
- **How does God show His love and care for you?**

© 2009 Gospel Light. Permission to photocopy granted to the original purchaser only. *The Big Book of Bible Story Activity Pages #1*

131

132

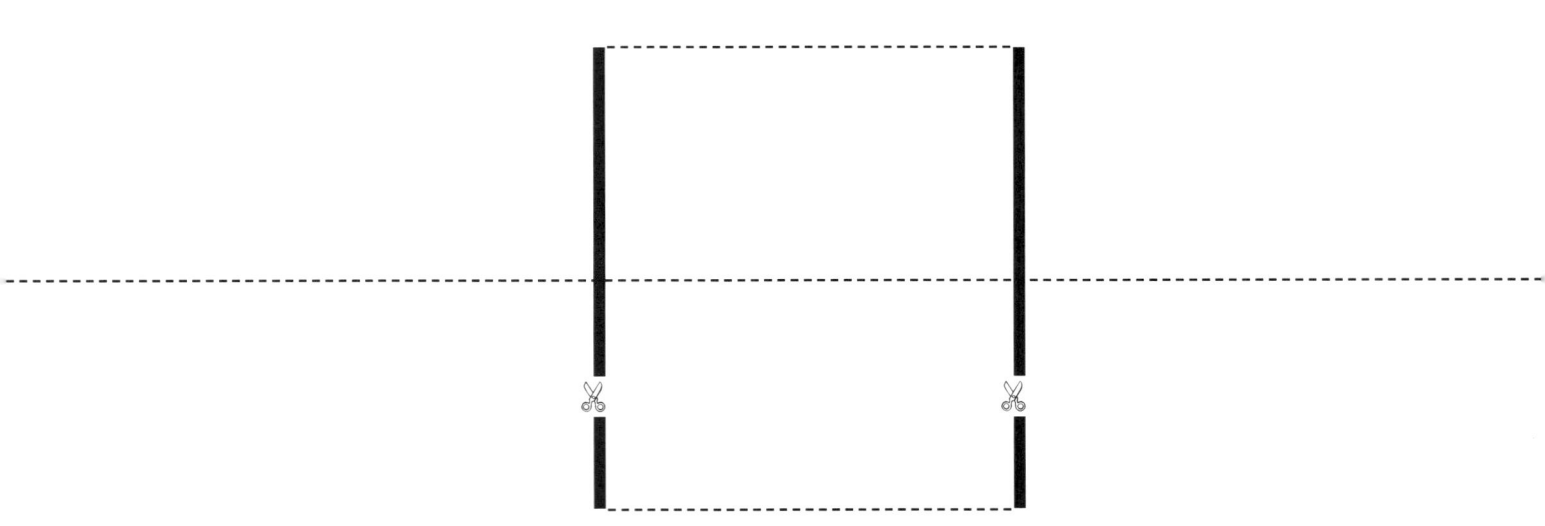

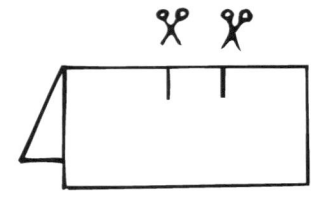

Jesus Stops the Storm   Matthew 8:23-27; Mark 4:1,35-41

A Boat

Jesus spent all day teaching people about God. Now He was tired! Jesus and His friends were sailing across the lake in their boat. Jesus lay down in the back of the boat. Soon He was asleep. Splish, splish, splish.

The Storm

Suddenly, the wind began to blow. Ooooooo! Ooooooo! The wind blew harder and harder. The little waves got bigger and bigger. Splish, splash! Splish, splash! The big waves hit hard against the little boat. Water splashed into the boat. The boat was filling with water.

"I'm afraid!" one of Jesus' friends might have shouted.

"Jesus! Help us!" shouted another friend. "Don't you care that our boat is sinking?"

Jesus' Power

Jesus woke up. He felt the strong winds blowing. He saw the big waves splashing. Jesus stood up and said, "Quiet! Be still!" And just like that, the wind stopped blowing. The big waves stopped splashing. Splish, splish. The little waves rocked the boat gently again.

"Why were you so afraid?" Jesus asked His friends. "Don't you know that I love you?"

Jesus' friends were surprised that the winds and the waves had obeyed Jesus. Jesus had shown His love and power in a special way.

Conclusion

Jesus' friends learned that Jesus loved them and would help them when they were afraid. Jesus loves and helps us, too. We can thank God for His great love.

Jesús calma la tormenta Mateo 8:23-27; Marcos 4:1, 35-41

Una barca

Jesús pasaba el día entero enseñando a la gente acerca de Dios. Ahora, estaba cansado. Jesús y sus amigos iban a cruzar el lago en una barca. Jesús se acostó a dormir en la barca. Pronto se quedó dormido. Splash, splash, splash.

La tormenta

De pronto, se levantó un viento. ¡Uuuuh! ¡Uuuuh! El viento soplaba cada vez más fuerte y más fuerte. Las olas eran cada vez más grandes y más grandes. Splish, splash! splish, splash! Las olas grandes golpeaban al pequeño bote y lo sacudían. El agua los salpicaba y entraba al bote. El bote se estaba llenando de agua.

"¡Tengo miedo!", gritó uno de los amigos de Jesús.

"¡Jesús!... ¡Ayúdanos!", gritó otro amigo. "¿No te importa que la barca se esté hundiendo?"

El poder de Jesús

Jesús se despertó. Sintió la fuerza del viento que soplaba. Vio las enormes olas. Jesús se levanto, y dijo: "¡Silencio! ¡Quietas!" Y así como así...el viento dejó de soplar. Las olas enormes dejaron de salpicar. Splish, splish. Unas pequeñas olas mecían tranquilamente al bote.

"¿Por qué tuvieron tanto miedo?", preguntó Jesús a sus amigos. "¿No saben que yo los amo?"

Los amigos de Jesús se asombraron porque el viento y las olas obedecían a Jesús. Jesús mostró su amor y poder de una manera especial.

Conclusión

Los amigos de Jesús aprendieron que Jesús los amaba y que los ayudaría cuando tuvieran miedo. Jesús también nos ama y nos ayuda. Nosotros también podemos agradecer a Dios por su gran amor.

¿Qué hizo Jesús para ayudar a sus amigos cuando tuvieron miedo?

¿A veces tienes miedo? ¿Cuándo? ¡Jesús te ayudará!

Bible Story Activity 32

Rock, rock, gently rock,
Small boat sails along.
Rest, rest, Jesus rests,
Night wind comes up strong.

Name _____

Blow, blow, big winds blow,
Toss the waves up high!
Splash! Splash! Waters crash!
"Help! We'll sink! We'll die!"

- Child colors scene.
- Child folds and tapes page (see sketch on back of page) and turns triangle to retell story.

Wake, wake, Jesus wakes.
"Help you? Yes, I will!
Hush, hush, wild wind, hush!
Quiet! Now, be still!"

"Great is our Lord and mighty in power."
Psalm 147:5

- What did Jesus do to help His friends when they were afraid?
- When are some times you might be afraid? Jesus helps you there!

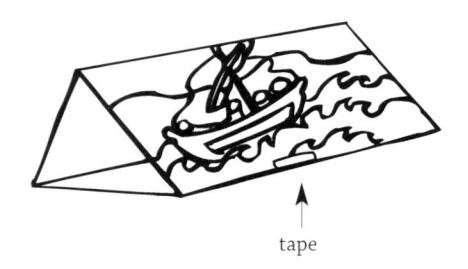

tape

Jesus Feeds 5,000 Mark 6:30-44; John 6:1-14

A Big Crowd

Jesus and His friends were in a boat. As they got close to shore, a big crowd of people—lots and lots and lots of people—came to see Him. The people wanted to hear Jesus talk about God. Jesus loved the people. He got out of the boat to talk to them.

A Hungry Crowd

The people listened to Jesus all day! They listened until suppertime. Jesus knew these people were hungry. "Where can we buy food for all these people?" Jesus said to His friends.

"We don't have enough money to buy food for all these people!" one of Jesus' friends said.

A Small Lunch

Just then another of Jesus' friends said, "Here is a boy who has five little loaves of bread and two fish. He wants to share his food."

"But that's not enough food for all these people," another friend may have said.

Food for All

Jesus must have smiled. He picked up the little boy's lunch. He thanked God. Then He began to break the bread and fish into pieces. And the most surprising thing happened! Soon there were hundreds and hundreds of pieces of bread and fish! There was enough bread and fish to give to all those hungry people.

When everybody had finished eating, Jesus' friends gathered up many baskets of leftover bread and fish. What a wonderful way for Jesus to show His love to people!

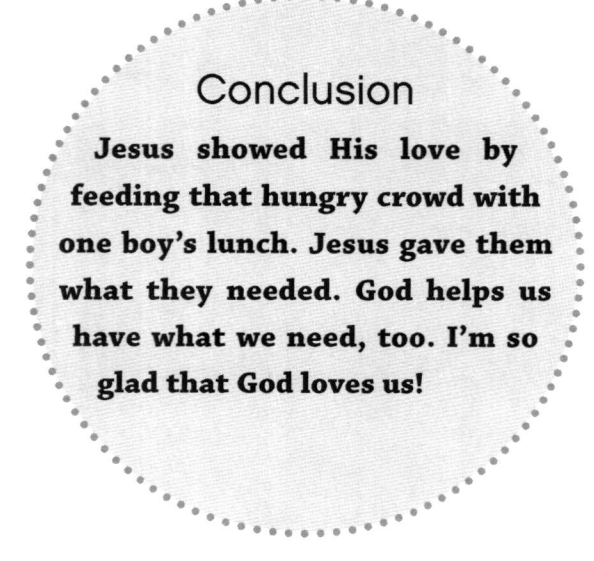

Conclusion

Jesus showed His love by feeding that hungry crowd with one boy's lunch. Jesus gave them what they needed. God helps us have what we need, too. I'm so glad that God loves us!

Jesús alimenta a cinco mil personas

Marcos 6:30-44; Juan 6:1-14

Una gran multitud

Jesús y sus amigos estaban en un bote. Conforme se acercaban a la costa, una gran multitud —mucha, mucha, mucha gente— vino a verlo. La gente quería escuchar a Jesús hablar acerca de Dios. Jesús amaba a la gente. Salió de la barca para hablar con ellos.

Una multitud hambrienta

La gente escuchó a Jesús ¡todo el día! Era hora de cenar, y todavía estaban escuchándolo. Jesús sabía que la gente tenía hambre. "¿Dónde podríamos comprar comida para toda esta gente?", preguntó Jesús a sus amigos.

"No nos alcanza el dinero para comprar comida para toda esta gente", dijo uno de los amigos de Jesús.

Un pequeño almuerzo

En ese momento otro de los amigos de Jesús, dijo: "Aquí hay un muchacho que tiene cinco panes y dos pescados. Quiere compartir su comida".

"Pero esa comida no alcanza para toda esta gente", dijo otro de los amigos de Jesús.

Comida para todos

Jesús debió de haber sonreído. Tomó el almuerzo del muchacho. Dio gracias a Dios. Luego comenzó a romper en trozos los panes y el pescado. ¡Y sucedió algo extraordinario! Pronto había cientos y cientos de pedazos de pan y de pescado. Hubo suficiente pan y pescado para repartir entre toda la gente hambrienta.

Cuando todos habían terminado de comer, los amigos de Jesús recogieron muchas canastas con el pan y el pescado que había sobrado. Qué hermosa manera de mostrar el amor de Jesús a la gente.

Conclusión

Jesús mostró su amor alimentando a la gente hambrienta con el almuerzo de un solo muchacho. Jesús les dio lo que necesitaban. Dios también nos da lo que necesitamos. ¡Dios nos ama! ¡Qué feliz me siento!

¿Qué repartió Jesús a estas personas?

¿Cuáles son algunas cosas buenas que Dios te da a ti y a tu familia?

Bible Story Activity 33

"God gives us what we need."
(See Philippians 4:19.)

- What did Jesus give the people?
- What are some good things God gives you and your family?

Name _____

- Child cuts apart squares and assembles puzzle.
- Child colors completed picture.

© 2009 Gospel Light. Permission to photocopy granted to the original purchaser only. *The Big Book of Bible Story Activity Pages #1*

139

The Greatest of All Mark 9:33-37; Luke 9:46-48

Jesus and His Friends

Jesus and His friends traveled from place to place. As they walked, Jesus and His friends talked.

One day, instead of using words that were happy and friendly, Jesus' friends said words that were unkind.

An Argument

One of Jesus' friends talked about which of them was the greatest. Maybe this friend thought he was better than Jesus' other friends. Soon Jesus' friends were arguing with each other about who was better than the others!

Jesus and His friends came into a house. Jesus said to His friends, "What were you arguing about on the road?"

Jesus' friends got very quiet. But Jesus KNEW they had been arguing about who was the best. And Jesus knew they had some wrong ideas.

A Little Boy

Jesus asked His friends to sit down. Then He picked up a little child. Jesus looked at His friends. He said, "If you want God to think you are great, you must be like this little child. Don't think you are better than everyone else."

Jesus' friends were surprised. They thought they had to show God how good they were.

Kindness and Serving Others

Jesus hugged the little child. Jesus looked around at His friends. He said, "Treat children the way you would treat Me. When you are kind to children, it is the same as being kind to Me. God thinks you are great when you are kind and serve others."

Jesus wanted His friends to treat others with love and kindness, instead of worrying about trying to be better than everyone else!

Conclusion

Jesus wants us to treat others with love and kindness, too. When we help someone, we are kind and loving.

El más importante Marcos 9:33-37; Lucas 9:46-48

Jesús y sus amigos

Jesús y sus amigos viajaban de pueblo en pueblo. Mientras caminaban, Jesús y sus amigos iban conversando.

Un día, en vez de decirse cosas lindas y conversar como amigos, los amigos de Jesús se dijeron cosas feas.

Una discusión

Uno de los amigos de Jesús dijo que él era el amigo más importante. Tal vez este amigo pensó que él era mejor que el resto de los amigos de Jesús. Pronto los amigos de Jesús estaban discutiendo entre sí para ver quién era el más importante.

Jesús y sus amigos llegaron a una casa. Jesús dijo a sus amigos: "¿Qué venían discutiendo en el camino?"

Los amigos de Jesús se quedaron callados. Pero Jesús SABÍA que habían estado discutiendo acerca de quién era el mejor. Y Jesús sabía que no habían entendido bien algunas cosas.

Un pequeño niño

Jesús pidió a sus amigos que se sentaran. Entonces, tomó a un niño y lo puso en medio. Jesús miró a sus amigos. Dijo: "Si quieren que Dios piense que ustedes son importantes, tienen que ser como este niño. No se crean que son mejores que los demás".

Los amigos de Jesús se sorprendieron. Pensaban que tenían que demostrar a Dios cuán buenos eran.

La generosidad y el servicio a los demás

Jesús abrazó al pequeño niño. Jesús miró a sus amigos. Dijo: "Traten a los niños como me tratarían a mí. Si son buenos con los niños, es como si fueran buenos conmigo. Para Dios, ustedes son importantes cuando son buenos y sirven a los demás".

Jesús quería que sus amigos se trataran con amor y que fueran generosos, en vez de preocuparse por intentar ser mejores que todo el mundo.

Conclusión

Jesús quiere que nosotros también nos tratemos con amor y que seamos buenos. Cuando ayudamos a una persona, somos buenos y generosos.

¿Por qué discutían los amigos de Jesús? ¿Qué hizo Jesús?

¿Qué puedes hacer para ser bueno y servir a otras personas?

Bible Story Activity Page 34

Name _____

"Serve one another in love." Galatians 5:13

- What were Jesus' friends arguing about?
- What did Jesus do?
- What can you do to be kind to and serve other people?

- Child colors page.
- Child retells story action by folding page to show Scene 1 and then opening page to show Scene 2.

© 2009 Gospel Light. Permission to photocopy granted to the original purchaser only. *The Big Book of Bible Story Activity Pages #1*

143

Scene 1

Scene 1

Name

144

© 2009 Gospel Light. Permission to photocopy granted to the original purchaser only. *The Big Book of Bible Story Activity Pages #1*

The Forgiving King Matthew 18:21-35

Jesus Tells

Jesus had a friend named Peter. One day, Jesus and Peter were talking, and Jesus told Peter a story.

The King Forgives

Once there was a man who worked for a king. This man had asked the king for lots and lots of money and had promised that he would pay it all back. One day, the king told this man, "Pay back all the money you borrowed from me. And pay me right now!"

The king was angry. He called one of his helpers. The king told his helper, "Since this man cannot pay me, take everything he has, sell it and give that money to me!"

The man fell to his knees. "No! No!" the man cried. "I promise to pay you back!" The king felt sorry for this man. "I forgive you," said the king. "You do not have to pay back ANY of the money."

The man must have been very happy! The man left the king. On his way home, he saw a friend. This friend had borrowed just a little money from him. The man grabbed his friend and shouted, "Give me back all my money!"

The King Hears

The king heard that the man had been unkind to his friend. The king told the man to come to see him.

The king said to the man, "You are not kind. I forgave you for ALL the money you owed me. But you would not forgive your friend for just a small amount of money." The king was very angry. He put the unkind man in jail.

We Forgive

After the story, Jesus said, "God wants you to ALWAYS forgive, even when someone has been unkind to you."

Conclusion

The king showed God's love and kindness by forgiving the man who had borrowed money. We can show God's love by forgiving others and treating them kindly, too.

Un rey perdonador Mateo 18:21-35

Jesús cuenta una historia

Jesús tenía un amigo que se llamaba Pedro. Un día, Jesús y Pedro estaban hablando, y Jesús le contó una historia a Pedro.

El rey perdona

Había una vez un hombre que trabajaba para un rey. Este hombre había pedido mucho, mucho dinero prestado al rey y había prometido que se lo pagaría. Un día, el rey le dijo al hombre: "Págame el dinero que te presté. ¡Págamelo ahora mismo!"

El rey estaba enojado. Llamó a uno de sus ayudantes. El rey dijo a su ayudante: "Como este hombre no me puede devolver el dinero, quítenle todo lo que tiene, véndanlo, y tráiganme el dinero".

El hombre se puso de rodillas. "¡No! ¡No!" le suplicó al rey. "Prometo devolverte el dinero". El rey sintió lástima del pobre hombre. "Te perdono", dijo el rey. "No tienes que devolverme NADA del dinero".

¡Qué contento se puso el hombre! El hombre se fue. De camino a su casa, se encontró con un amigo. Le había prestado un poco de dinero a este amigo. El hombre tomó por el cuello a su amigo, y le gritó: "¡Devuélveme todo el dinero que te presté!"

El Rey se entera

El rey se enteró de que el hombre había sido malo con su amigo. El rey mandó llamar al hombre.

El rey le dijo: "No fuiste bueno. Yo te perdoné TODO el dinero que me debías. Pero tú no pudiste perdonar a tu amigo que sólo te debía un poco de dinero". El rey estaba muy enojado. Mando poner al hombre en la cárcel.

Nosotros perdonamos

Después de contar la historia, Jesús dijo: "Dios quiere que SIEMPRE perdonen, aun cuando alguien no se haya portado bien con ustedes".

Conclusión

El rey mostró el amor y la bondad de Dios perdonando al hombre que le debía dinero. Nosotros también podemos perdonar a los demás y tratarlos bien porque amamos a Dios.

¿Qué cosas buenas dijo el rey? ¿Qué cosas feas dijo el hombre?

¿Qué puedes decir para ser bueno con una persona que fue mala contigo?

Bible Story Activity 35

------- fold ------- ------- fold ------- ------- fold -------

King   Man   Friend

Name _____

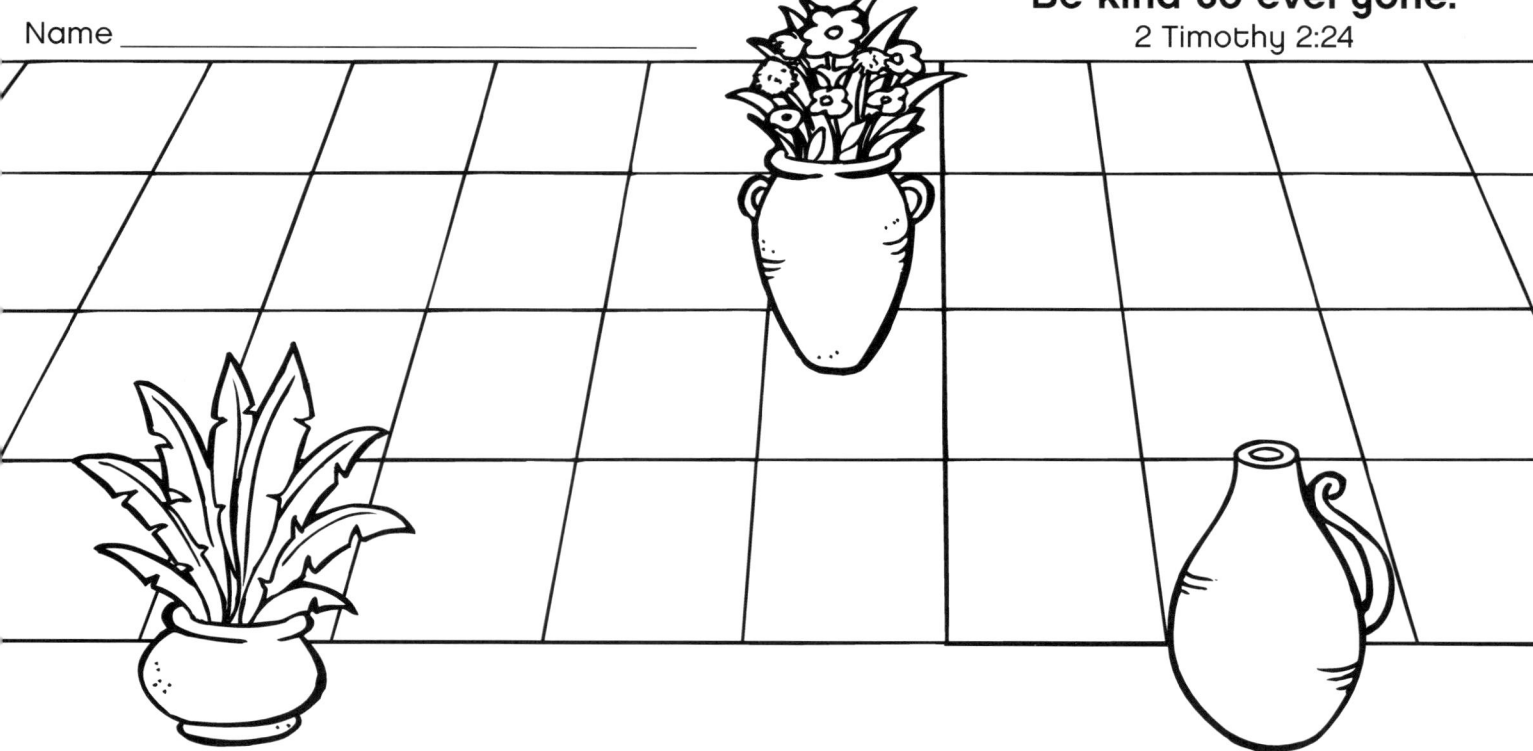

"Be kind to everyone."
2 Timothy 2:24

- Child colors page.
- Child cuts apart page, folds figures and then moves them to retell story action (see sketch on back of page).

- What kind thing did the king say? What unkind thing did the man say?
- What can you say to be kind to someone who has been unkind to you?

© 2009 Gospel Light. Permission to photocopy granted to the original purchaser only. *The Big Book of Bible Story Activity Pages #1*

147

148

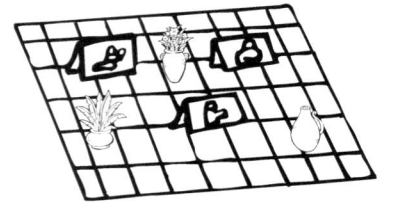

The Good Samaritan Luke 10:25-37

A Man's Trip

A man was on a long trip. Suddenly some men jumped out from behind some rocks. They beat up the man. They took away all his money and his clothes. Then they ran away. Ohhh! The man was badly hurt. He couldn't walk. He just lay by the side of the road.

Two Travelers

Soon—step, step, step—someone was coming down the road! *Oh, maybe it's someone who will help me!* the man thought. The traveler came closer. The traveler saw the hurt man. But he didn't stop to help. The traveler walked over to the other side of the road and hurried on by! Ohhhh! The hurt man felt so sore.

Then—step, step, step—someone else was coming down the road! *Oh, surely this person will help me!* the hurt man thought. The second traveler came closer. The traveler saw the hurt man by the side of the road. But he didn't stop to help the hurt man. The traveler just looked at him and hurried on by! Ohhhhh! The hurt man felt worse.

A Kind Traveler

Then—clippety-clop, clippety-clop—along came a traveler riding on a donkey. This man was a Samaritan. He was called a Samaritan because he came from a place called Samaria. *Maybe this traveler will help me,* the hurt man thought.

When the Samaritan saw the hurt man, he STOPPED! He climbed off his donkey. He bandaged the man's sore places. Then the traveler lifted the hurt man up on the donkey and took him to an inn (a place like a motel). He put the hurt man in a room and cared for him all night.

Then Jesus said to the people listening to His story, "We should show love to every person who needs help."

Conclusion

When we see someone who needs help, we can show God's love by being kind to them. We can give them the help they need.

El buen samaritano Lucas 10:25-37

El viaje de un hombre

Un hombre tuvo que hacer un viaje muy largo. De pronto, salieron unos hombres que estaban escondidos detrás de unas rocas. Golpearon al hombre. Le robaron todo el dinero y se llevaron su ropa. Y después huyeron. ¡Ahhh! El hombre estaba muy herido. No podía caminar. Se quedó tendido al costado del camino.

Dos viajeros

Al rato, oyó que venía alguien por el camino: un paso, otro paso, otro paso. Tal vez sea alguien que me pueda ayudar, pensó el hombre. El viajero estaba cada vez más cerca. El viajero vio al hombre herido, pero no se detuvo para ayudarlo. El viajero cruzó al otro lado del camino, y siguió. ¡Ahhh! El hombre estaba muy herido. Le dolía todo el cuerpo.

Al poco rato, oyó que venía otra persona por el camino: un paso, otro paso, otro paso. Esta vez, sí... ¡esta persona me ayudará!-pensó el hombre herido. El segundo viajero estaba cada vez más cerca. El viajero vio al hombre tirado a orillas del camino, pero no se detuvo para ayudarlo. El viajero lo miró, y siguió su camino. ¡Ahhh! El hombre estaba muy herido y se sintió peor.

El viajero bueno

Entonces oyó que venía otro viajero en un burrito: clop-ti, clop, clop-ti, clop. Este viajero era un samaritano. Los llamaban samaritanos porque vivían en una región llamada Samaria. Tal vez esta persona me ayude, pensó el hombre herido.

Cuando el samaritano vio al hombre junto al camino, SE DETUVO. Se bajó del burrito, vendó sus heridas, lo subió al burrito, y lo llevó a un mesón (como una posada o motel). Puso al hombre herido en un cuarto y cuidó de él durante toda la noche.

Entonces Jesús dijo a la gente que había escuchado esta historia: "Todos deben amar a todas las personas que necesiten ayuda".

Conclusión

Cuando veamos que alguien necesite ayuda, le mostraremos el amor de Dios. Le daremos la ayuda que necesite.

¿Cuál de los tres viajeros fue bueno?

¿Qué puedes hacer tú para ser bueno?

Name _____

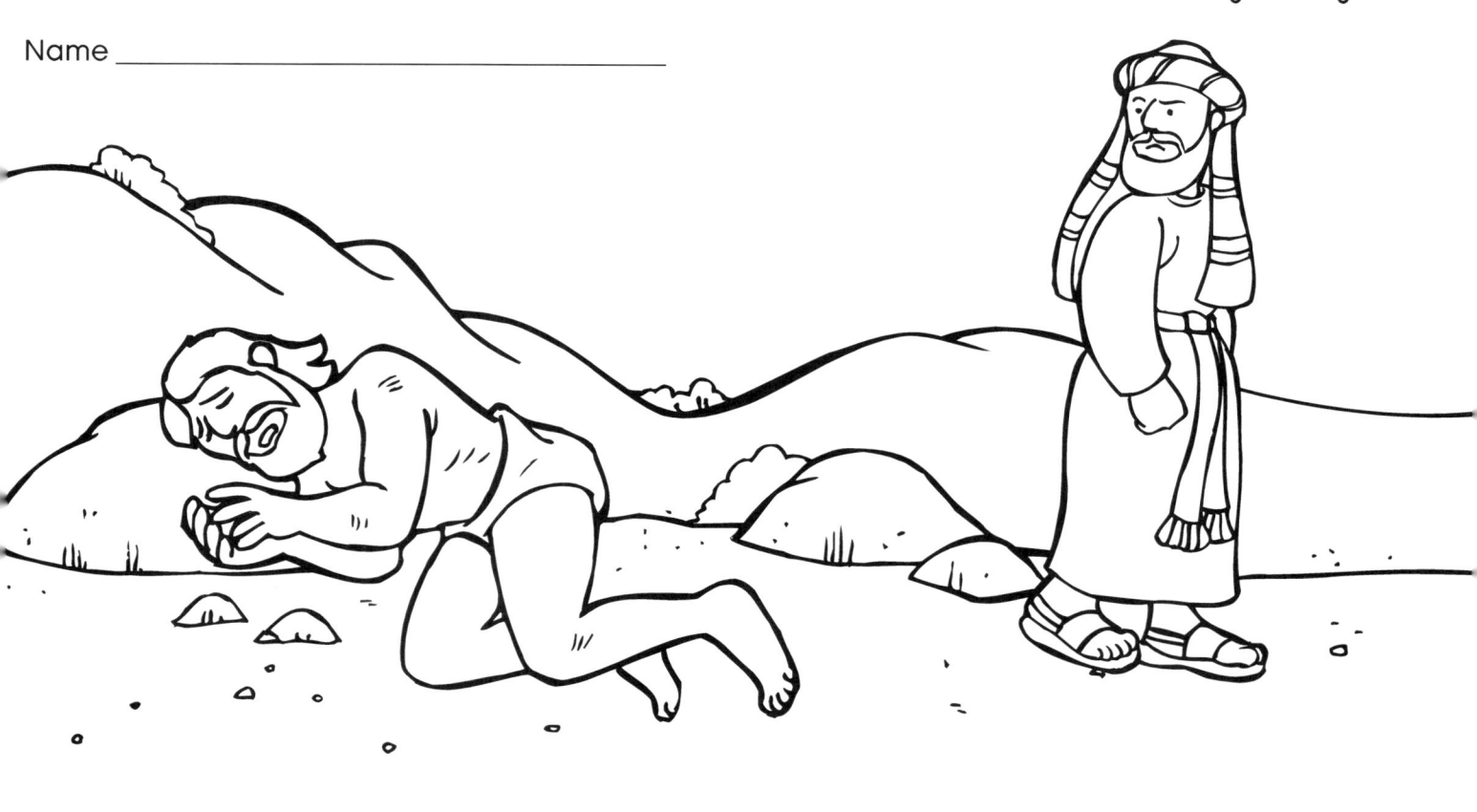

Bible Story Activity 36

- fold -

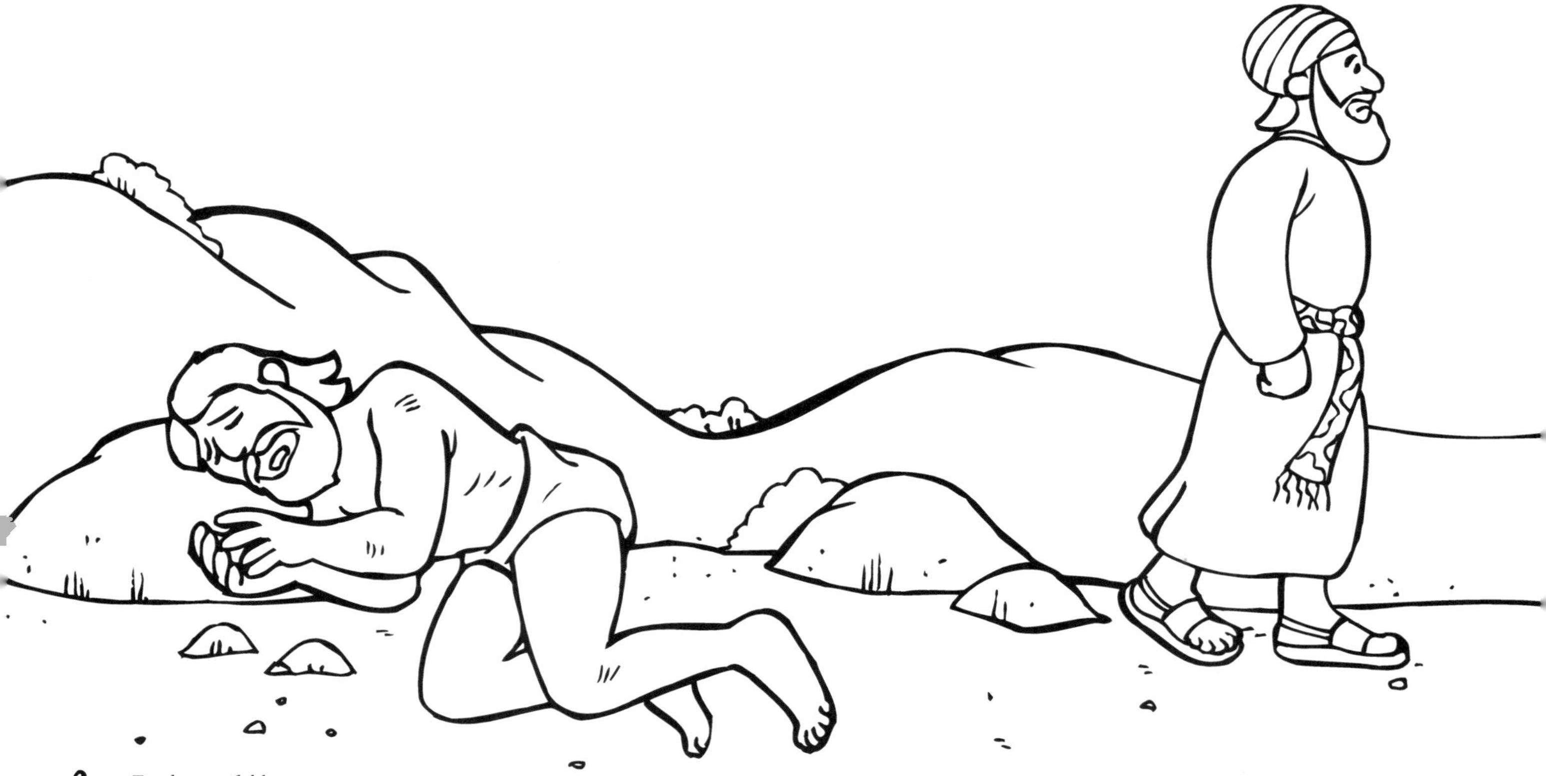

- Teacher prefolds page.
- Child colors page.
- Child folds page to show story action.

© 2009 Gospel Light. Permission to photocopy granted to the original purchaser only. *The Big Book of Bible Story Activity Pages #1*

151

- Which traveler was kind?
- What can you do to be kind?

© 2009 Gospel Light. Permission to photocopy granted to the original purchaser only. *The Big Book of Bible Story Activity Pages #1*

"Jesus said, 'Love each other.'" (See John 15:17.)

152

The Good Shepherd Luke 15:3-7

The Good Shepherd

One day Jesus told this story. There was a kind shepherd who had 100 sheep. (One hundred is many more than the number of children in our class.) This shepherd loved his sheep. He knew the name of each one of his sheep.

Good Food

In the morning the kind shepherd led his sheep to the hillsides. The sheep ate the green grass on the hillside. And they drank cool water. The shepherd made sure the sheep had enough to eat and drink.

A Safe Place

When nighttime came, the shepherd kept his sheep safe in a place called a sheepfold. This sheepfold was a big yard with a stone wall around it. There was no door, so the shepherd slept right across the doorway of the sheepfold. "No one can get into the sheepfold and hurt MY sheep!" he said.

The Lost Sheep

One day the shepherd was counting his sheep. 1 . . . 2 . . . 3—all the way up to 98 . . . 99—but oh, my! One sheep was GONE! Where was that sheep?

Right away the shepherd went out to find his lost sheep. He looked and looked. He called and called the sheep's name.

Then the shepherd heard a BAAA! *What was that?* he wondered. Then he heard it again. BAAA! There was the lost sheep! The sheep had gotten lost and could not find its way home.

The shepherd reached down and lifted the sheep onto his shoulders. All the way home, the kind shepherd carried the sheep. The shepherd was so happy to have found the lost sheep.

"God loves us like that," Jesus said. "He is glad when we choose to love and obey Him."

Conclusion

We're glad to know that God loves us! God's love helps us show love and kindness to others.

El Buen Pastor Lucas 15:3-7

El Buen Pastor

Un día Jesús contó esta historia. Había un pastor bueno que tenía 100 ovejas. (Cien es mucho más que la cantidad de niños que hay en nuestra clase.) El pastor cuidaba mucho a sus ovejas y conocía los nombres de cada una de ellas.

Buena comida

En la mañana, el buen pastor guiaba a sus ovejas a las colinas. Las ovejas comían el pasto verde de la ladera. Tomaban el agua fresca. El pastor se aseguraba de que las ovejas tuvieran suficiente comida y agua.

Un lugar seguro

Al anochecer, el pastor metía a sus ovejas en un lugar seguro llamado corral. El corral es un gran terreno rodeado de una pared de piedra. Como no tenía puertas, el pastor dormía atravesado en la entrada del corral. "Nadie podrá entrar al corral y hacer daño a MIS ovejas", decía.

La oveja perdida

Un día el pastor estaba contando sus ovejas. 1... 2... 3... hasta llegar a 98... 99... ¡Ay! ¡No! ¡FALTA una oveja! ¿Dónde estará esa oveja?

El pastor en seguida salió a buscar la oveja que se había perdido. Buscó y buscó. Llamó y llamó a la oveja por su nombre.

De pronto, el pastor oyó un ¡BEEEE! ¿Qué es eso? —se preguntó. Entonces lo oyó de nuevo. ¡BEEE! ¡Era la oveja perdida! La oveja se había perdido y no sabía cómo regresar al corral.

El pastor se agachó, y puso a la oveja sobre sus hombros. Así regresó el buen pastor a su casa, llevando a la oveja. El pastor estaba muy contento porque había encontrado a la oveja perdida.

"Dios nos ama como este pastor quería a sus ovejas" dijo Jesús. "Dios se pone muy feliz cuando lo amamos y le obedecemos".

Conclusión

Estamos alegres porque Dios nos ama. El amor de Dios nos ayuda a amar a los demás y a ser buenos con todos.

¿Qué hizo el pastor para mostrar que quería y cuidaba a las ovejas?

Menciona algunas maneras en que podemos amar y ser buenos con los demás.

Bible Story Activity 37

Name _____

One wooly sheep
Skipped off and played
Away from the spot where
The shepherd stayed.

He rescued the poor sheep
That was one of his own.
The shepherd was glad
To carry him home.

fold

"We love because he first loved us."
1 John 4:19

- What did the shepherd do to show love to his sheep?
- What are some ways you can show love and kindness to others?

- Child colors page.
- Child folds page to make book that reviews story.

© 2009 Gospel Light. Permission to photocopy granted to the original purchaser only. *The Big Book of Bible Story Activity Pages #1*

155

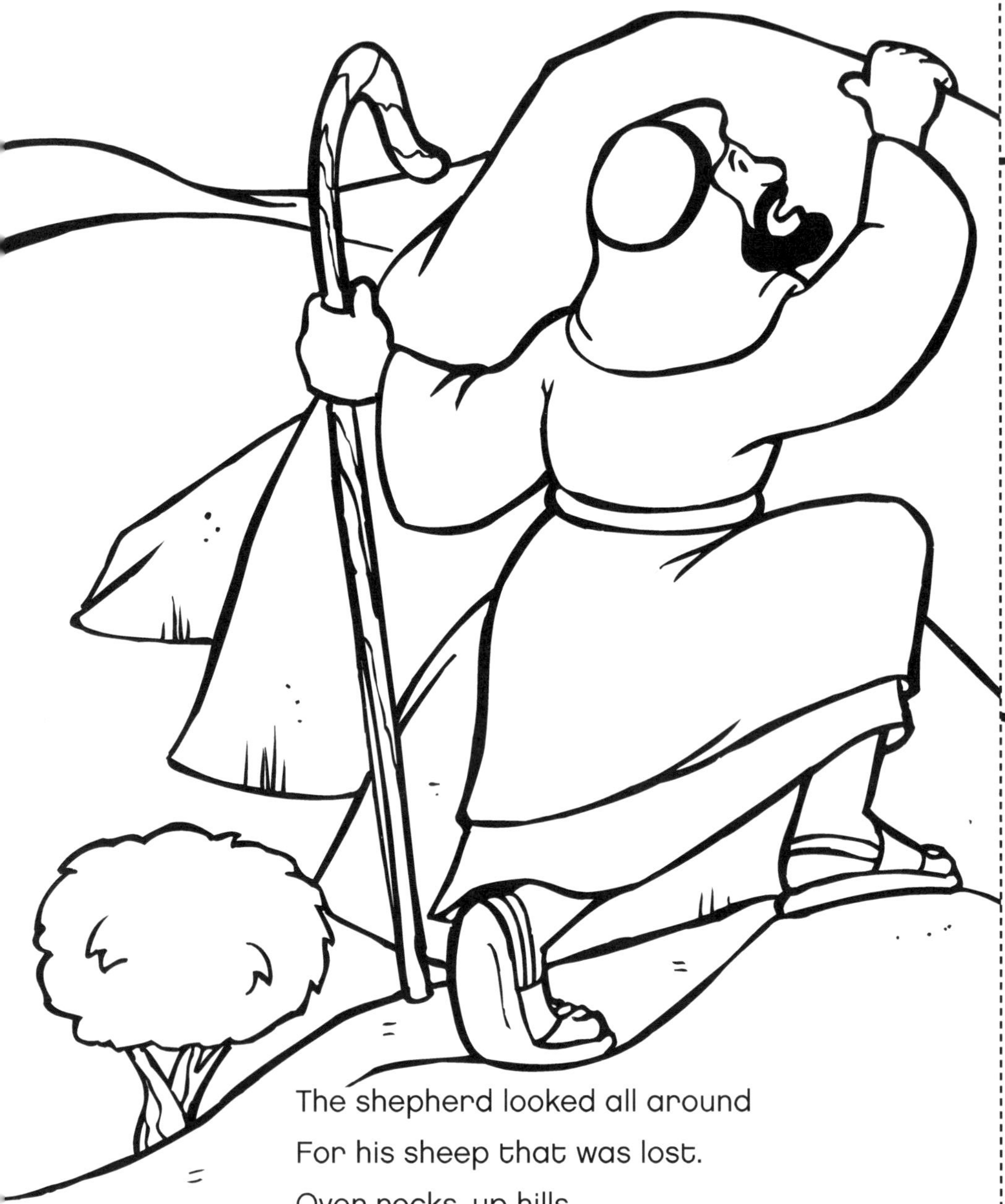

The shepherd looked all around
For his sheep that was lost.
Over rocks, up hills,
Through valleys he crossed.

At last the shepherd saw
A very sad sight.
The small lost sheep
Was tangled up tight.

The Loving Father Luke 15:11-24

A Greedy Son

Once there was a father with two sons. They lived on a big farm. The father loved his sons. He took good care of them. One day one son said, "Father, you promised to give me money someday. I want it NOW!" So the father gave his son the money.

A Runaway Son

The son wanted to live far away from his family. The son packed his clothes. He began walking away. The father felt sad. While the son was gone, the father waited and waited and WAITED for the son to come home.

When the son got to a new place, he spent his money until it was all gone. His nice clothes became dirty and torn. Soon he didn't have enough food to eat.

A Sorry Son

The son went to work caring for some pigs. As he worked, the son thought, *Even the men who work for my father have food to eat.* The son decided, I'll go back home!

So the son began walking home. He walked and walked and walked. Soon he saw his father's farm. When he was almost there, he saw someone running down the road toward him! It was his FATHER running to meet him!

"Oh, Father," the son said, "I spent ALL the money you gave me. I did wrong things. I am very sorry."

A Loving Father

The father loved his son and was glad he had come back home. The father gave him a ring and other good things. How glad the son was that his father loved him and forgave him!

Conclusion

Jesus told this story. He wanted us to learn that God is like the father in this story. God loves and forgives us, even when we do wrong. God wants us to be kind and forgive others, too.

El amor de un padre Lucas 15:11-24

Un hijo aventurero

Había una vez un padre que tenía dos hijos. Vivían en un campo enorme. El padre amaba a sus hijos. Los cuidaba mucho. Un día uno de sus hijos, dijo: "Padre, prometiste darme dinero algún día. ¡Lo quiero AHORA!" Entonces el padre le dio el dinero a su hijo.

El hijo se va lejos

El hijo quería vivir en un país lejos de su familia. Empacó su ropa, y se marchó de la casa. El padre se puso triste. Mientras el hijo no estaba, el padre esperaba, esperaba, y ESPERABA que el hijo regresara a su casa.

Cuando el hijo llegó al nuevo país, gastó todo su dinero hasta que se quedó sin nada. La ropa linda que tenía ahora estaba sucia y rota. Ni siquiera tenía suficiente comida.

Un hijo arrepentido

El hijo tuvo que trabajar cuidando a unos cerdos. Mientras trabajaba, el hijo pensó: los hombres que trabajan para mi padre tienen abundante comida que comer. Entonces, el hijo decidió: voy a regresar a casa.

El hijo se puso a caminar para volver a su casa. Caminó, caminó, y caminó. Allá a lo lejos, vio el campo de su padre. Cuando casi había llegado, vio que alguien venía corriendo por el camino. ¡Era su PADRE que venía a recibirlo!

"Padre", dijo el hijo, "gasté TODO el dinero que me diste. Hice cosas malas. Lo siento mucho".

El amor de un padre

El padre amaba a su hijo y estaba contento de que hubiera regresado a casa. El padre le regaló un anillo y otras cosas muy lindas. ¡Que feliz estaba el hijo de tener un padre que lo amara tanto y lo perdonara!

Conclusión

Jesús contó esta historia. Quería enseñarnos que Dios es como el padre de esta historia. Dios nos ama y perdona, aun cuando obramos mal. Dios quiere que nosotros también seamos buenos y perdonemos a los demás.

¿Qué cosa buena hizo el padre cuando vio a su hijo regresando a la casa?

¿Quién es bueno en tu familia? ¿Qué hace esa persona?

Bible Story Activity 38

"Forgive each other."
(See Colossians 3:13.)

Name _____

- Teacher prefolds page.
- Child colors page.
- Child folds page to retell story action.

- What kind thing did the father do when he saw his son coming home?
- Who is kind in your family? What does the person do?

© 2009 Gospel Light. Permission to photocopy granted to the original purchaser only. *The Big Book of Bible Story Activity Pages #1*

159

Scene 1

Fold back first.

© 2009 Gospel Light. Permission to photocopy granted to the original purchaser only. *The Big Book of Bible Story Activity Pages #1*

Fold back second.

Scene 2

160

Jesus Heals a Blind Man John 9:1-11,35-38

The Blind Man Sits

One day a man was sitting beside the road. He could not see the green grass. He could not see the yellow flowers. He could not see the blue sky. He could not see the children playing. He could not see with his eyes.

The man was blind, but he could hear. And this is what he heard: Step, step, step. Step, step, step. The blind man heard someone walking along the road.

Jesus Helps

The blind man felt someone put cool mud on his eyes. He heard someone say, "Go now and wash in the pool of water." It was Jesus talking to him!

The Blind Man Sees

The blind man went right away to the pool. And he washed the mud off his eyes. As he washed, something wonderful happened!

"I can see!" the man probably shouted. "I can see green grass and yellow flowers! I can see the blue sky! I can see children playing!"

The Blind Man Tells

Soon people came to see what had happened. "Isn't this the man who was blind?" they asked.

The man was so excited. He must have shouted, "I AM the man who used to be blind! A man named Jesus put mud on my eyes and told me to wash in the pool. I did what He said and now I can see!" And everywhere the man went, he told that Jesus had made his eyes see.

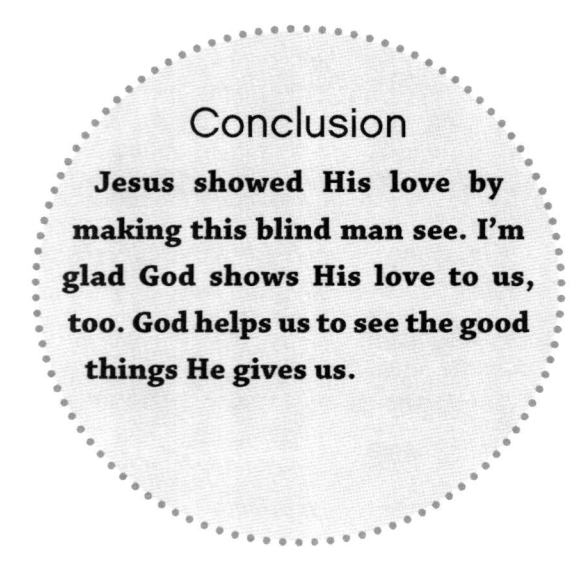

Conclusion

Jesus showed His love by making this blind man see. I'm glad God shows His love to us, too. God helps us to see the good things He gives us.

Jesús sana a un hombre ciego Juan 9:1-11,35-38

El hombre ciego estaba sentado

Un día había un hombre sentado junto al camino. No podía ver el verde de los pastos. No podía ver el amarillo de las flores. No podía ver el azul del cielo. No podía ver cómo jugaban los niños. No podía ver con sus ojos.

El hombre era ciego, pero podía oír. Esto fue lo que oyó: un paso, otro paso, y otro paso. Un paso, otro paso, y otro paso. El hombre ciego oyó que alguien venía por el camino.

Jesús ayuda

El hombre ciego sintió que alguien le ponía barro fresco sobre sus ojos. Escuchó que alguien le decía: "Ahora, vé a lavarte en el estanque de agua". ¡Era Jesús que le hablaba!

El hombre que era ciego ahora ve

El hombre ciego fue en seguida al estanque. Se lavó el barro de los ojos. Mientras se lavaba, sucedió algo maravilloso.

"¡Puedo ver!"-gritó el hombre. "¡Puedo ver… ¡Puedo ver! ¡Puedo ver cómo juegan los niños!"

El hombre que había sido ciego cuenta su historia

La gente pronto vino a ver qué había sucedido. "¿No es este el hombre que era ciego?" —preguntaban.

El hombre estaba muy emocionado y feliz. Tal vez gritó: "Sí, ¡YO SOY el hombre que era ciego! Pero un hombre llamado Jesús me puso barro en los ojos y me dijo que me lavara en el estanque. Hice lo que me mandó y ¡ahora puedo ver!" A todas partes donde iba el hombre, contaba que Jesús le había devuelto la vista.

Conclusión

Jesús mostró su amor devolviendo la vista al ciego. Me alegra saber que Dios también nos muestra su amor. Dios nos ayuda a ver las cosas buenas que Él nos da.

¿Qué hizo Jesús para mostrar que amaba al hombre ciego?

¿Por qué cosas que ves quieres dar gracias a Dios?

2

Fold first.

Bible Story Activity 39

Name _____

- What did Jesus do to show love to the blind man?
- What do you see that you want to thank God for?

1

Fold second.

"The Lord is good to all."
Psalm 145:9

- Teacher prefolds page.
- Child folds page to make book.
- Child colors book.

3

4

© 2009 Gospel Light. Permission to photocopy granted to the original purchaser only. *The Big Book of Bible Story Activity Pages #1*

163

People Praise Jesus Matthew 21:1-11,15,16; Luke 19:28-38

Friends Find a Donkey

What a happy day it was! Jesus and His friends were going to the Temple in the big city of Jerusalem. On the way, Jesus stopped. He said to His friends, "There is a little donkey in the town. Untie it and bring it to Me."

Jesus' friends did just as He asked them. They found the donkey and brought it back to Jesus. Jesus climbed on the donkey's back and began riding to the big city. Clippety-clop, clippety-clop went the donkey's feet. Jesus' friends walked along the road with Him.

People Welcome Jesus

Many other people were walking along the road to Jerusalem, too. There were girls and boys, moms and dads, grandmas and grandpas. They were excited to see Jesus! Some people were so happy to see Jesus that they spread their coats on the road in front of Him. This showed that Jesus was special.

Other people cut branches from palm trees and laid them on the road for Jesus' donkey to walk on. That showed that Jesus was special, too! What a happy day it was!

Jesus Enters Jerusalem

Some people ran ahead to tell others, "Jesus is coming! JESUS is coming!" And even MORE people came to see Jesus. They laughed and sang. They shouted, "Hosanna! Hosanna!" ("Hosanna" is a special word the people used to welcome Jesus.)

It was a wonderful day in the big city of Jerusalem! The children praised Jesus. The moms and dads praised Jesus. The grandparents praised Jesus. EVERYONE who loved Jesus praised Him by singing happy songs to Him. It was a happy day for the people who loved Jesus.

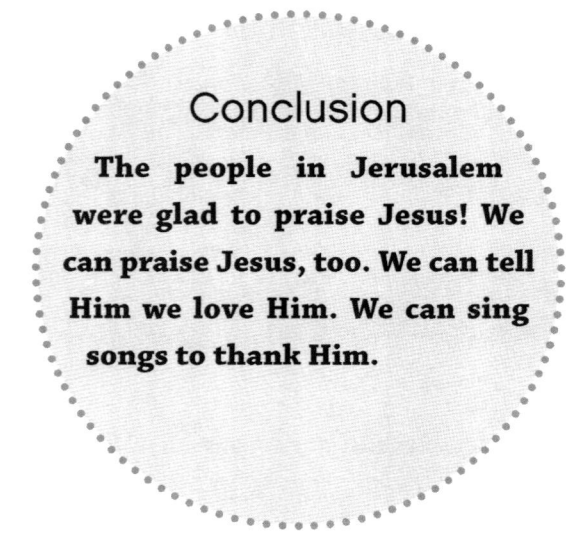

Conclusion

The people in Jerusalem were glad to praise Jesus! We can praise Jesus, too. We can tell Him we love Him. We can sing songs to thank Him.

La gente alaba a Jesús Mateo 21:1-11, 15, 16; Lucas 19:28-38

Los amigos encuentran un burrito

¡Qué día más lindo! Jesús y sus amigos iban al Templo en la gran ciudad de Jerusalén. De camino, Jesús se detuvo. Dijo a sus amigos: "En la aldea vecina hay un burrito. Desátenlo y tráiganmelo".

Los amigos de Jesús hicieron como Él les mandó. Encontraron al burrito y lo trajeron a Jesús. En seguida Jesús se subió al burrito y comenzó a andar hacia la gran ciudad. Clop-ti, clop, clop-ti, clop… sonaban las patas del burrito al rozar las piedras del camino. Los amigos de Jesús caminaban a su lado.

La gente recibe a Jesús

Había mucha gente yendo por el camino a Jerusalén. Había niñas y niños, las mamás y los papás, las abuelas y los abuelos. ¡Todos querían ver a Jesús! Alguna gente estaba tan contenta de ver a Jesús que pusieron sus mantos en el camino, delante de Él. Lo hacían para demostrar que Jesús era especial.

Otra gente cortó ramas de palmeras y las puso en el camino para que el burrito de Jesús pasara. Eso también era para demostrar que Jesús era especial. ¡Qué día más lindo ese!

Jesús entra en Jerusalén

Alguna gente se adelantó, corrió, y gritó: "¡Viene Jesús!…¡Viene Jesús!" Y todavía MÁS gente vino a ver a Jesús. Estaban muy contentos y cantaban. Gritaban: "¡Hosanna!… ¡Hosanna!" ("Hosanna" es una palabra especial que la gente usaba para dar la bienvenida a Jesús y que quería decir "¡salva ahora!".)

Era un día esplendoroso en la gran ciudad de Jerusalén. Los niños alababan a Jesús. Las mamás y los papás alababan a Jesús. Los abuelos alababan a Jesús. TODOS los que amaban a Jesús lo alababan y cantaban canciones de alegría. Fue un día muy feliz para la gente que amaba a Jesús.

Conclusión

La gente de Jerusalén se alegró porque pudo alabar a Jesús. Nosotros también podemos alabar a Jesús. Podemos decirle que lo amamos. Podemos cantarle canciones para darle gracias.

¿Qué hizo la gente en el camino para mostrar que amaba a Jesús?

¿Qué podemos hacer para alabar y agradecer a Jesús?

Name _____

"Sing praises to the Lord."
Psalm 9:11

- What did the people on the road do to show their love to Jesus?
- What can we do to praise and thank Jesus?

- Child colors page.
- Child cuts and folds page sections and Jesus figure. Child tapes sections of page together in any order to form a story square (see sketch on back of this page).
- Child moves Jesus figure around story square to show story action.

© 2009 Gospel Light. Permission to photocopy granted to the original purchaser only. *The Big Book of Bible Story Activity Pages #1*

167

tape

tape

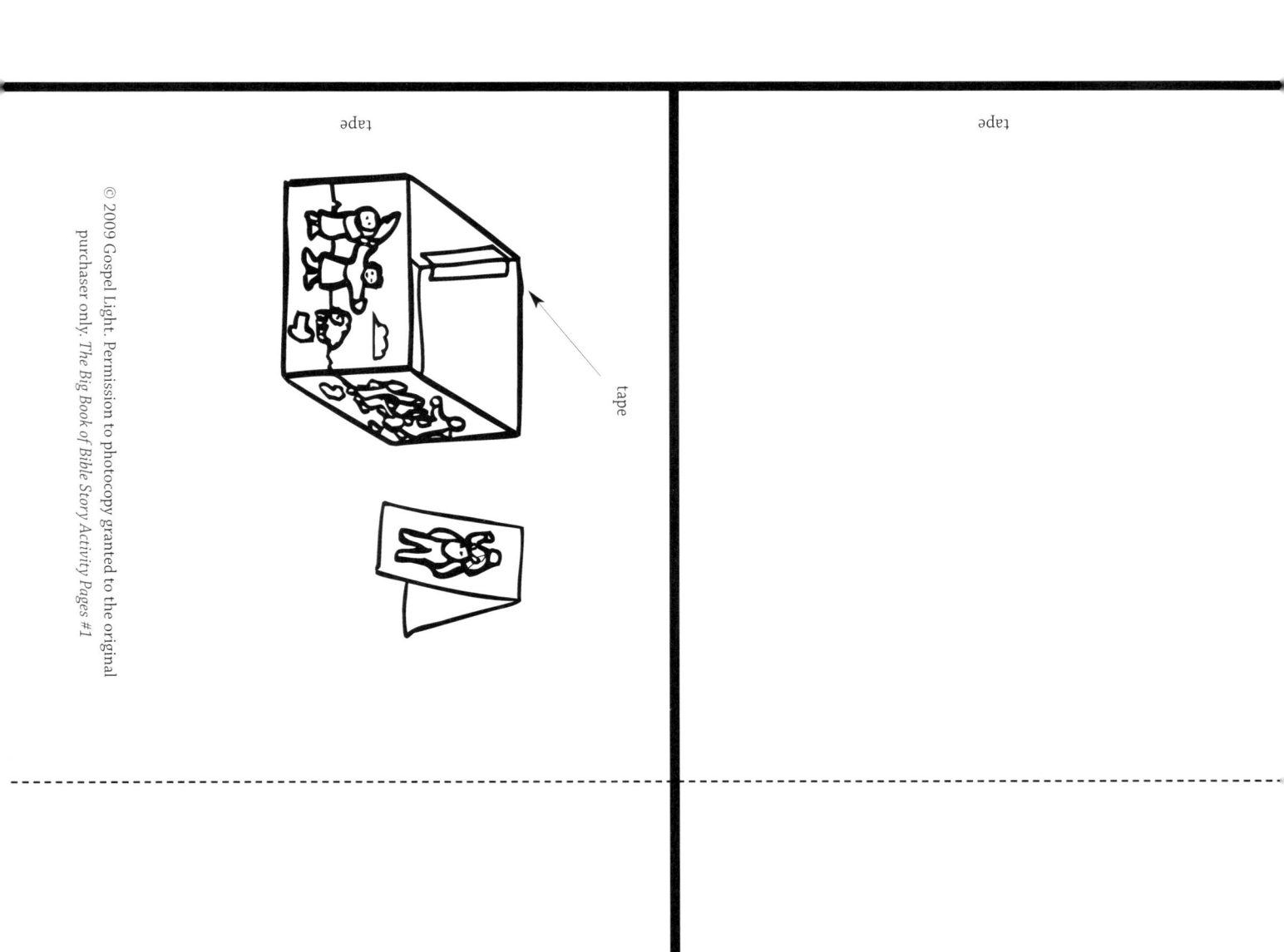

© 2009 Gospel Light. Permission to photocopy granted to the original purchaser only. *The Big Book of Bible Story Activity Pages #1*

tape

168

tape

tape

Jesus Dies and Lives Again

Matthew 26:1-4,47-50; 27:11-66; John 18—20:20

The Sad Words

One day Jesus told His friends, "In a few days, some people are going to take Me away. I'm going to be killed." Jesus' friends were very sad. But Jesus was not afraid. Jesus knew this was part of God's good plan. Jesus knew He wouldn't STAY dead!

The Sad Day

When the people who wanted to kill Jesus came to get Him, Jesus let them take Him. And Jesus let them kill Him on a cross. Jesus' friends were very sad that Jesus had died. They took Jesus' body and put it into a tomb. (This tomb was a little room made in the side of a hill.) Later, a heavy stone was rolled in front of the doorway of the tomb so that no one could go in or out. It was a very sad and scary time, but it didn't STAY sad and scary!

The Glad Day

On the third morning, one of Jesus' friends named Mary came to the tomb. It was still a little dark, but she could see that the big rock was NOT in front of the door. Mary was very sad. She looked into the tomb and saw two angels.

One angel asked, "Why are you crying?"

Mary said, "Because Jesus is gone, and I don't know where He is."

She turned around and almost bumped into someone. "Mary!" the person said. Mary knew that voice—it was JESUS! Mary was so happy to know that Jesus is alive!

Jesus said to her, "Go and tell the others." And Mary did! She must have run very fast!

"Jesus is ALIVE! I have seen Him!" she said. Jesus' other friends were so surprised, some of them did not believe her. But that night, Jesus came to the place where His friends were. Now Jesus' friends SAW Jesus alive. They knew that He loved them! The very SAD day had turned into a very GLAD day—because Jesus is alive!

Conclusion

Jesus' friends were so glad when they saw that Jesus is alive. Jesus' friends knew how much Jesus loved them. Jesus loves us, too. We're glad He is alive and that He loves us.

Jesús muere y vuelve a vivir

Mateo 26:1-4, 47-50; 27:11-66; Juan 18—20:20

Unas palabras tristes

Un día Jesús dijo a sus amigos: "Dentro de pocos días, unas personas me van a llevar. Me van a matar". Los amigos de Jesús se pusieron muy tristes. Jesús también estaba triste, pero no tenía miedo, porque sabía que esto era parte del buen plan de Dios. Jesús sabía que no QUEDARÍA muerto.

Un día triste

Cuando la gente que quería matar a Jesús se le acercó, Jesús se dejó apresar. Jesús también dejó que lo enclavaran en una cruz y lo mataran. Los amigos estaban muy tristes por la muerte de Jesús. Llevaron el cuerpo de Jesús y lo pusieron en un sepulcro. (Un sepulcro era una pequeña cueva sobre la ladera de una colina.) Más tarde, taparon la entrada del sepulcro con una piedra muy pesada, para que nadie pudiera ni entrar ni salir de él. Fue un momento muy triste, y de mucho miedo, pero NO DURÓ MUCHO.

Un día feliz

A la tercera mañana, María, una de las amigas de Jesús, fue al sepulcro. Todavía estaba oscuro, pero pudo ver que la piedra que cerraba la entrada NO estaba. María se puso muy triste. Miró dentro del sepulcro y vio a dos ángeles.

Un ángel le preguntó: "¿Por qué lloras?"

María le dijo: "Porque Jesús no está, y no sé dónde está su cuerpo".

Cuando se volvió casi se choca con una persona. "¡María!", dijo la persona. María reconoció esa voz... ¡era JESÚS! María se puso feliz al saber que Jesús vivía.

Jesús le dijo que regresara a la ciudad y que diera la noticia a todos los demás". Y María lo hizo. ¡Qué rápido corría!

"¡Jesús VIVE! ¡Yo lo vi!", dijo. Los demás amigos de Jesús estaban tan sorprendidos que algunos no le creyeron. Pero esa noche, Jesús fue al lugar donde estaban sus amigos. Ahora los amigos de Jesús LO VIERON vivo. Sabían que Jesús los amaba. El día muy TRISTE se había convertido en un día muy FELIZ porque Jesús vivía otra vez.

Conclusión

Los amigos de Jesús se pusieron muy felices cuando vieron que Él vivía. Los amigos de Jesús sabían que Él los amaba mucho. Jesús también nos ama. Estamos felices porque Él vive y nos ama.

¿Qué vieron los amigos de Jesús cuando llegaron al sepulcro?

¿Por qué podemos alegrarnos en Semana Santa?

Bible Story Activity 41

- What did Jesus' friends see when they came to the tomb?
- At Eastertime, why can we be glad?

© 2009 Gospel Light. Permission to photocopy granted to the original purchaser only. *The Big Book of Bible Story Activity Pages #1*

fold back first

- Child colors page.
- Child folds page to retell story action (see sketches on back of this page).

Name _____

171

"It is true! The Lord has risen."
Luke 24:34

fold forward second

© 2009 Gospel Light. Permission to photocopy granted to the original purchaser only. *The Big Book of Bible Story Activity Pages #1*

172

Thomas Sees Jesus John 20:19-31

Jesus' Friends Are Surprised

One night some of Jesus' friends were eating together in a house. They were very sad. Their friend Jesus had been dead for three days. They knew Jesus' body was not in the tomb. They had heard people say they had seen Jesus and that He was alive! But some of them could not imagine that Jesus was really alive.

As the friends were talking, Jesus came into the room. Jesus' friends were surprised and a little afraid. How could this be Jesus? They knew Jesus had died.

Jesus Talks to His Friends

Jesus must have smiled at His friends. "Why are you afraid?" Jesus asked. Jesus held out His hands to them. Then Jesus asked for something to eat. When the friends saw Jesus and heard His kind voice, they knew He was really alive. The friends were not afraid anymore. This was REALLY Jesus!

One Friend Doesn't Believe

But Jesus' friend named Thomas was not there when Jesus came. Later, Jesus' other friends told Thomas that Jesus was alive; but Thomas shook his head. Thomas told the friends, "I will not say that Jesus is alive unless I see Him and touch Him."

Thomas Believes

A week later, all the friends and Thomas were together in the same house. Suddenly, Jesus came into the room, just as He had done before. Jesus knew that Thomas still couldn't be sure that He was really alive. Jesus must have smiled at Thomas. "Thomas," Jesus said, "look at My hands. Touch them. I want you to know that I am alive."

Thomas loved Jesus. He looked at Jesus and said, "My Lord and my God!" Now Thomas knew for sure that Jesus is alive. And he was very glad.

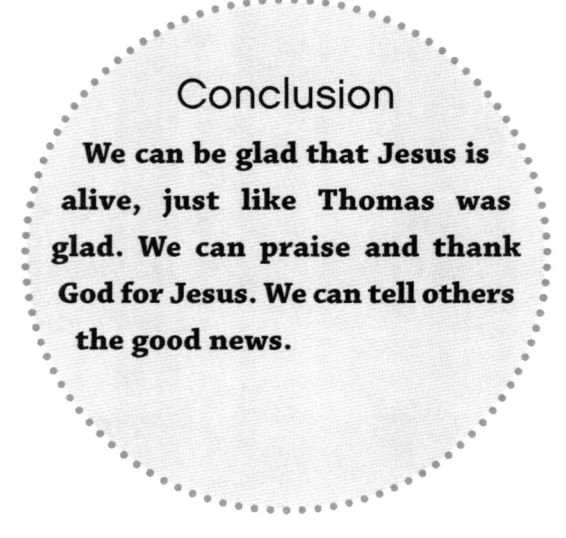

Conclusion

We can be glad that Jesus is alive, just like Thomas was glad. We can praise and thank God for Jesus. We can tell others the good news.

Tomás ve a Jesús Juan 20:19-31

Los amigos de Jesús se sorprenden

Una noche algunos amigos de Jesús estaban comiendo juntos en una casa. Estaban muy tristes. Su amigo y maestro Jesús había muerto hacía tres días. Sabían que el cuerpo de Jesús no estaba en el sepulcro. Alguna gente decía que habían visto vivo a Jesús. Pero algunos de ellos no podían creer que Jesús viviera realmente.

Mientras los amigos conversaban, Jesús entró en el comedor. Los amigos de Jesús se sorprendieron y se asustaron. ¿Será Jesús?-se decían, sabiendo que Él había muerto.

Jesús habla con sus amigos

Jesús les sonrió a sus amigos. "¿Por qué tienen miedo?" —preguntó Jesús. Entonces Él extendió sus manos para mostrárselas. Después Jesús pidió algo que comer. Cuando los amigos vieron a Jesús y escucharon su dulce voz, supieron que Él realmente vivía. Los amigos ya no sintieron miedo. Era REALMENTE Jesús.

Un amigo desconfiado

Pero había un amigo de Jesús, llamado Tomás, que no estaba con los demás amigos cuando Jesús vino. Más tarde, los amigos de Jesús le dijeron a Tomas que Jesús vivía, pero Tomás sacudía la cabeza. Tomás les dijo: "No voy a decir que Jesús vive hasta que yo mismo lo vea y lo pueda tocar".

Tomás cree

Una semana más tarde, estaban todos los amigos y Tomás juntos en la misma casa. De pronto, Jesús entró en el cuarto, como había hecho la vez anterior. Jesús sabía que Tomás todavía no estaba seguro de que Él realmente vivía. Jesús le sonrió a Tomás. "Tomás", dijo Jesús, "mira mis manos. Tócalas. Quiero que sepas que vivo…realmente!"

Tomás amaba a Jesús. Miró a Jesús, y dijo: "¡Señor mío y Dios mío!" ¡Ahora Tomás estaba seguro de que Jesús vivía realmente! Estaba muy feliz.

Conclusión

Podemos alegrarnos porque Jesús vive, así como Tomás se alegró. Podemos alabar y agradecer a Dios por Jesús. Podemos anunciar las buenas nuevas a otras personas.

¿Quiénes se alegraron cuando supieron que Jesús vivía?

¿A quién le podrías decir que Jesús vive?

Scene 1 — Bible Story Activity 42 — Name _____

Scene 2

Scene 3 — **"Thomas said to Jesus, 'My Lord and my God!'"** (See John 20:28.)

- Who was glad to know that Jesus is alive?
- Who can you tell that Jesus is alive?

© 2009 Gospel Light. Permission to photocopy granted to the original purchaser only. *The Big Book of Bible Story Activity Pages #1*

- Teacher prefolds page.
- Child colors page.
- Child folds and tapes page together at X's and then uses scenes to retell story.

tape

Jesus Lives Today
Matthew 28:16-20; Luke 24:50-53; John 21:1-14; Acts 1:3-11

Jesus Helps His Friends

Jesus had died, but now He was alive again! Many times Jesus came to spend time with His friends. Jesus' friends were glad to see Jesus. He loved His friends. His friends were glad He loved them.

Once when they were fishing, Jesus helped His friends catch lots of fish. Their nets were so full of fish the friends could barely lift them up from the water! That was the day Jesus cooked some breakfast for His friends. Jesus told them that someday soon He would go back to heaven.

Jesus Makes a Promise

Then the day came when it was time for Jesus to go back to heaven. He walked with His friends to the top of a mountain. Jesus said to His friends, "Remember that I am always with you. I will watch over you and take care of you. Someday I will come back, and we will be together in heaven." Jesus wanted them to know that even though they wouldn't see Jesus with their eyes, He would still be with them.

Jesus' friends listened quietly. "After I am gone," Jesus said, "go and tell people everywhere that I love them."

Jesus Goes to Heaven

Then Jesus rose up off the ground! Jesus' friends must have been surprised! Jesus went up and up and UP into the sky. Soon His friends couldn't see Him anymore. They stood there, looking up.

Jesus Will Come Back

Suddenly, there were two angels standing beside the friends. The angels said, "Why are you standing here looking into the sky? Jesus has gone to heaven! Someday He will come back again."

Jesus' friends were very glad! Now they knew Jesus was going to come back, just as He had promised. And they were glad because Jesus had promised to always be with them.

Conclusion

Jesus is always with us, too. We're glad to know this good news. Jesus is alive, and no matter where we go, He is with us. We can praise and thank Jesus for being with us and loving us.

Jesús vive hoy
Mateo 28:16-20; Lucas 24:50-53; Juan 21:1-14; Hechos 1:3-11

Jesús ayuda a sus amigos

Jesús había muerto, pero ahora vivía ¡de nuevo! Jesús vino muchas veces a pasar el tiempo con sus amigos. Los amigos de Jesús se alegraron de verlo. Él amaba a sus amigos. Sus amigos estaban contentos porque Él los amaba.

Una vez, mientras estaban pescando, Jesús ayudó a sus amigos a pescar muchos peces. Las redes estaban tan llenas de peces que los amigos apenas podían sacarlas del agua. Ese día Jesús preparó un desayuno para sus amigos. Jesús les dijo que dentro de pocos días volvería al cielo.

Jesús hace una promesa

Llegó el día en que Jesús tuvo que volver al cielo. Caminó con sus amigos hasta la cima de una montaña. Jesús dijo a sus amigos: "Recuerden que siempre estaré con ustedes. Cuidaré de ustedes, y los protegeré. Un día volveré, y estarán conmigo en el cielo". Jesús quería que supieran que aunque no lo pudieran ver con sus ojos, Él estaría siempre con ellos.

Los amigos de Jesús escucharon en silencio. "Después que me haya ido", dijo Jesús, "vayan y cuenten a todo el mundo que los amo".

Jesús se va al cielo

Entonces Jesús comenzó a ascender. Los amigos de Jesús debieron quedar muy sorprendidos. Jesús subió y subió y SUBIÓ hacia el cielo. Pronto sus amigos ya no lo pudieron ver. Se quedaron allí mirando hacia arriba.

Jesús regresará

De pronto, aparecieron dos ángeles de pie junto a los amigos. Los ángeles dijeron: "¿Qué hacen ahí, parados, mirando al cielo? Jesús se fue al cielo, pero un día volverá".

Los amigos de Jesús estaban muy contentos. Ahora sabían que Jesús regresaría, como les había prometido. Estaban felices porque Jesús les había prometido estar siempre con ellos.

Conclusión

Jesús está siempre con nosotros, también. Esta buena noticia nos hace muy felices. Jesús vive, y vayamos donde vayamos, Dios está con nosotros. Podemos alabar y agradecer a Jesús por estar con nosotros y porque nos ama.

¿Qué prometió Jesús a sus amigos?

Jesús está siempre contigo. ¿A qué lugares vas?

Bible Story Activity 43

Name

"Jesus said, 'I am with you always.'" (See Matthew 28:20.)

fold first

fold second

- Child folds booklet and colors pages.
- Child uses booklet to retell story action.

- What did Jesus promise His friends?
- Jesus is always with you. Where are some places you go?

© 2009 Gospel Light. Permission to photocopy granted to the original purchaser only. *The Big Book of Bible Story Activity Pages #1*

179

The Lame Man Walks Acts 3:1-16

A Lame Man

Once there was a man who couldn't walk. His legs were lame. That means they didn't work. This poor man couldn't even stand up.

Every day the lame man sat by the Temple. The Temple was the place where many people went to pray and learn about God. As people walked into the Temple, the man asked them for money so that he could buy food.

Peter and John

One day Jesus' friends Peter and John walked up the hill to the Temple. Peter and John heard someone call, "Please give me some money." They stopped. They looked down. They saw the lame man sitting on the ground.

Peter and John knew God's Word said to help others. They wanted to help the man. "I have no money," Peter said, "but I do have something to give you." Peter reached out and took the man's hand. Peter said, "In the name of Jesus, stand up and walk!" He pulled the man to his feet.

A Happy Man

Suddenly, the lame man's feet and legs were strong! The man began to walk! Then the man began to skip and jump and hop and RUN! He was so happy!

The man went jumping and running into the Temple with Peter and John. The man told everyone what had happened. "Thank You, God! I can walk," said the man.

Amazed People

The people at the Temple saw the man walking. They thought Peter and John had made the man walk. But Peter told them, "We did not make this man walk. Jesus made his legs strong." Peter told all those people about Jesus. And the man who now could walk learned about Jesus, too.

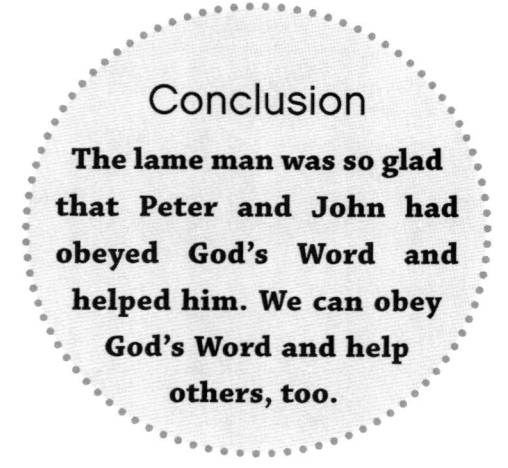

Conclusion

The lame man was so glad that Peter and John had obeyed God's Word and helped him. We can obey God's Word and help others, too.

El hombre cojo anda Hechos 3:1-16

Un hombre cojo

Había un hombre que no podía andar. Tenía las piernas paralizadas. Eso quiere decir que no las podía mover. Este pobre hombre ni siquiera se podía parar.

El hombre cojo se sentaba todos los días a la puerta del Templo. El Templo era el lugar donde mucha gente iba a orar y a aprender acerca de Dios. Mientras la gente entraba al Templo, el hombre le pedía dinero para poder comprar comida.

Pedro y Juan

Un día, Pedro y Juan, los amigos de Jesús, fueron al Templo. Pedro y Juan oyeron que alguien los llamaba: "Por favor, ¿me pueden dar un poco de dinero?" Se detuvieron. Miraron hacia abajo. Vieron al hombre cojo sentado en el piso.

Pedro y Juan sabían que la Palabra de Dios dice que hay que ayudar a los demás. Querían ayudar a este hombre. "No tengo dinero", dijo Pedro, "pero tengo otra cosa que te puedo dar". Pedro extendió su mano y tomó la mano del hombre. Pedro le dijo: "En el nombre de Jesús, ¡levántate y anda!" Ayudó al hombre a ponerse de pie.

Un hombre feliz

De pronto, los pies y las piernas del hombre cojo recobraron la fuerza. ¡El hombre comenzó a andar! El hombre comenzó a saltar y a saltar y a saltar y a CORRER. ¡Estaba muy feliz!

El hombre entró al Templo corriendo y saltando, acompañado de Pedro y Juan. El hombre contó a todos lo que había pasado. "Gracias, Dios. Ahora puedo andar", dijo el hombre.

La gente estaba asombrada

La gente en el Templo vio al hombre andando. Pensaron que el hombre andaba gracias a Pedro y Juan. Pero Pedro les dijo: "Nosotros no hicimos que este hombre ande. Jesús fortaleció sus piernas". Pedro habló a toda esta gente acerca de Jesús. Y el hombre que ahora podía andar también aprendió acerca de Jesús.

Conclusión

El hombre que había sido cojo estaba muy contento porque Pedro y Juan obedecieron la Palabra de Dios y lo ayudaron. Nosotros también podemos obedecer la Palabra de Dios y ayudar a los demás.

¿Cómo ayudaron Pedro y Juan al hombre cojo?

Tú puedes obedecer a Dios ayudando a los demás. ¿A quién podrías ayudar?

Name _____

Bible Story Activity 44
Scene 1

- How did Peter and John help the lame man?
- You can obey God by helping others. Who can you help?

- Teacher accordion-folds page and leaves page folded.
- Child colors Scene 1.
- Child turns page over and pulls down legs to reenact story and then colors Scene 2.

© 2009 Gospel Light. Permission to photocopy granted to the original purchaser only. *The Big Book of Bible Story Activity Pages #1*

"Hear the word of God and obey it." Luke 11:28   Scene 2

fold up

fold back

fold up

fold back

Barnabas Shares Acts 4:32-37

Loving Each Other

After Jesus went back to heaven, His friends told everyone the good news that Jesus is alive. Every day more people learned to love Jesus, too! And because the friends of Jesus loved Him, they loved each other.

Sharing Food and Clothes

One of the ways Jesus' friends showed their love was by sharing everything they had. Nobody had to ask them to share. They wanted to share!

Some people had more food and clothing than they needed. But they didn't keep it all for themselves. They shared their food and clothes with Jesus' friends who had no food and clothing.

Sharing Money from a Field

One of Jesus' friends helped other people so much that his friends gave him a special name. The man's friends called him Barnabas. Barnabas meant something like "Mr. Helper." He was a cheerful, happy man. Barnabas was always helping people and trying to cheer them up!

Barnabas owned some land. He could have kept it for himself. But he didn't. Barnabas sold that piece of land. Barnabas could have spent the money on himself. But he didn't! Barnabas took the money to Jesus' friends. He said, "Here, share this money with people who need it."

Barnabas had learned about Jesus and what Jesus said to do. He knew Jesus wanted him to help other people. Barnabas didn't keep his field or his money for himself. He showed he loved Jesus by sharing with other people.

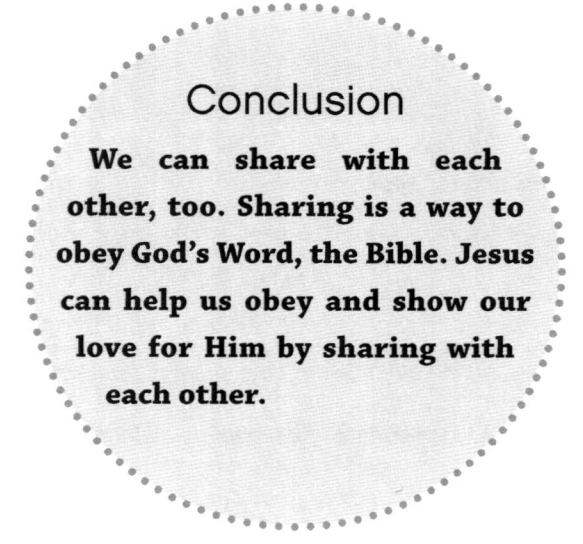

Conclusion

We can share with each other, too. Sharing is a way to obey God's Word, the Bible. Jesus can help us obey and show our love for Him by sharing with each other.

Bernabé comparte Hechos 4:32-37

Amarse unos a otros

Después que Jesús regresó al cielo, sus amigos contaron a todos la buena noticia de que Él vivía. Cada día más y más gente aprendía a amar a Jesús. Y como los amigos de Jesús lo amaban, se amaban unos a otros.

Alimento y abrigo compartido

Una de las maneras en que los amigos de Jesús mostraban su amor era compartiendo todo lo que tenían. Nadie tenía que pedirles que compartieran. ¡Querían compartir!

Alguna gente tenía más alimento y ropa que la necesaria. Pero no la guardaban toda para ellos. Compartían la comida y la ropa con los amigos de Jesús que no tenían ropa ni comida.

El dinero de un campo

Uno de los amigos de Jesús ayudó tanto a los demás que sus amigos le pusieron un nombre especial. Los amigos de este hombre lo llamaron "Bernabé," nombre que significa algo como "Sr. Ayudante". Era un hombre alegre y simpático. Bernabé estaba siempre ayudando a la gente y tratando de animarla.

Bernabé tenía un campo. Podría haberse quedado con el campo para él. Pero no lo hizo. Bernabé vendió el campo. Bernabé podría haber comprado cosas para él con ese dinero. Tampoco lo hizo. Bernabé entregó el dinero a los amigos de Jesús. Les dijo: "Tomen, compartan este dinero con la gente que lo necesita".

Bernabé había aprendido acerca de Jesús y sabía lo que Jesús quería que él hiciera. Sabía que Jesús quería que ayudara a otras personas. Bernabé no se quedó con su campo ni con el dinero. Mostró que amaba a Jesús compartiendo cosas con otras personas.

Conclusión

Nosotros también podemos compartir cosas unos con otros. Compartir es una manera de obedecer la Palabra de Dios, la Biblia. Jesús puede ayudarnos a obedecer y a mostrar que lo amamos cuando compartimos nuestras cosas unos con otros.

¿Qué compartían los amigos de Jesús?

¿Qué puedes tú compartir con otros?

"Share with God's people who are in need."
Romans 12:13

Name _____

- What did Jesus' friends share with each other?
- What can you share with others?

© 2009 Gospel Light. Permission to photocopy granted to the original purchaser only. *The Big Book of Bible Story Activity Pages #1*

- Teacher precuts slits on rolled page.
- Child colors page, cuts off strip and places story strip through slits.
- Child moves strip to retell story.

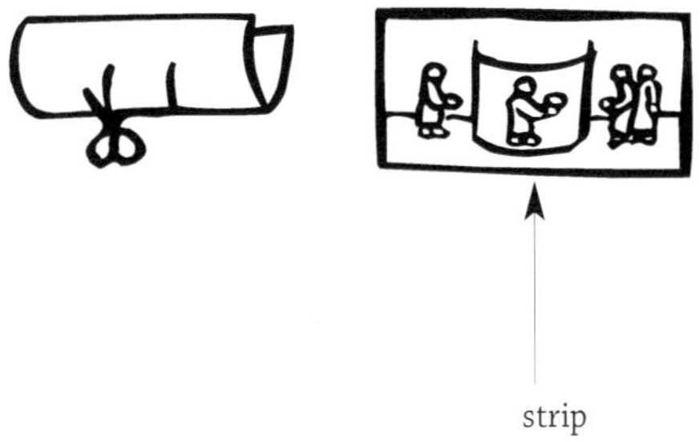

strip

Food for Widows Acts 6:1-7

A Happy Family

Every day Jesus' friends told more and more people the good news that Jesus loved them. More and more people learned to love Jesus. And every day these people were sharing their food and clothing with people who didn't have enough. The people were very happy.

The Problem

But some women were not happy. These women said, "We are not getting enough to eat!" This was a problem! Friends of these women told Jesus' friends about the problem.

A Plan

When Jesus' friends heard about this, they felt sad. They wanted everyone to have enough food to eat. They wanted to be kind to everyone. So these friends of Jesus called everyone together. "We know it isn't fair that some people don't get enough food to eat." The people listened quietly.

"This is what we will do," Jesus' friends said. "Choose seven special helpers. These special helpers will make sure everyone gets enough food."

Seven Helpers

So the people chose one, two, three, four, five, six, seven men to be special helpers. Then Jesus' friends prayed and asked God to help the seven men do their best work.

These special helpers did a good job. Now the women had enough food to eat, just like everyone else. Everyone worked together to be kind and show they loved Jesus.

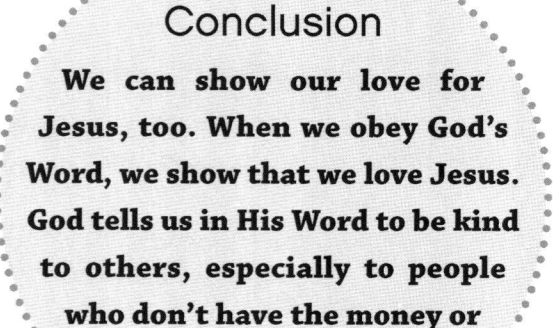

Conclusion

We can show our love for Jesus, too. When we obey God's Word, we show that we love Jesus. God tells us in His Word to be kind to others, especially to people who don't have the money or food they need.

Alimento para las viudas Hechos 6:1-7

Una familia feliz

Los amigos de Jesús anunciaron a más y más gente la buena noticia de que Jesús los amaba. Más y más gente aprendía a amar a Jesús. Y todos los días esta gente compartía su comida y su ropa con gente que no tenía suficiente. Todos estaban muy contentos.

El problema

Pero algunas mujeres no estaban muy contentas. Estas mujeres dijeron: "Nosotras no tenemos suficiente para comer". ¡Qué problema! Los amigos de estas mujeres llevaron su queja a los amigos de Jesús.

Un plan

Cuando los amigos de Jesús se enteraron, se pusieron tristes. No querían que a nadie le faltara comida. Querían ser buenos con todos. Los amigos de Jesús invitaron a todos a una reunión. "Es injusto que algunas personas no tengan suficiente comida". La gente escuchó en silencio.

"Esto es lo que haremos", dijeron los amigos de Jesús. "Elijan siete ayudantes especiales. Estos ayudantes especiales se asegurarán de que todos reciban suficiente comida".

Siete ayudantes

La gente eligió a siete ayudantes especiales: uno, dos, tres, cuatro, cinco, seis, siete hombres. Los amigos de Jesús oraron y pidieron a Dios que ayudara a los siete hombres a hacer bien su trabajo.

Estos siete ayudantes hicieron bien su trabajo. Ahora las mujeres tenían suficiente comida, como todos los demás. Todos trabajaban juntos para ser buenos y mostrar que amaban a Jesús.

Conclusión

Nosotros también podemos mostrar que amamos a Jesús. Cuando obedecemos la Palabra de Dios, amamos a Jesús. Dios nos dice en su Palabra que debemos ser buenos con los demás, especialmente con la gente que no tiene dinero o la comida que necesita.

¿Qué hicieron los amigos de Jesús para ser buenos con las mujeres?

¿Qué puedes hacer tú para ser bueno con otras personas?

Scene 1

Name

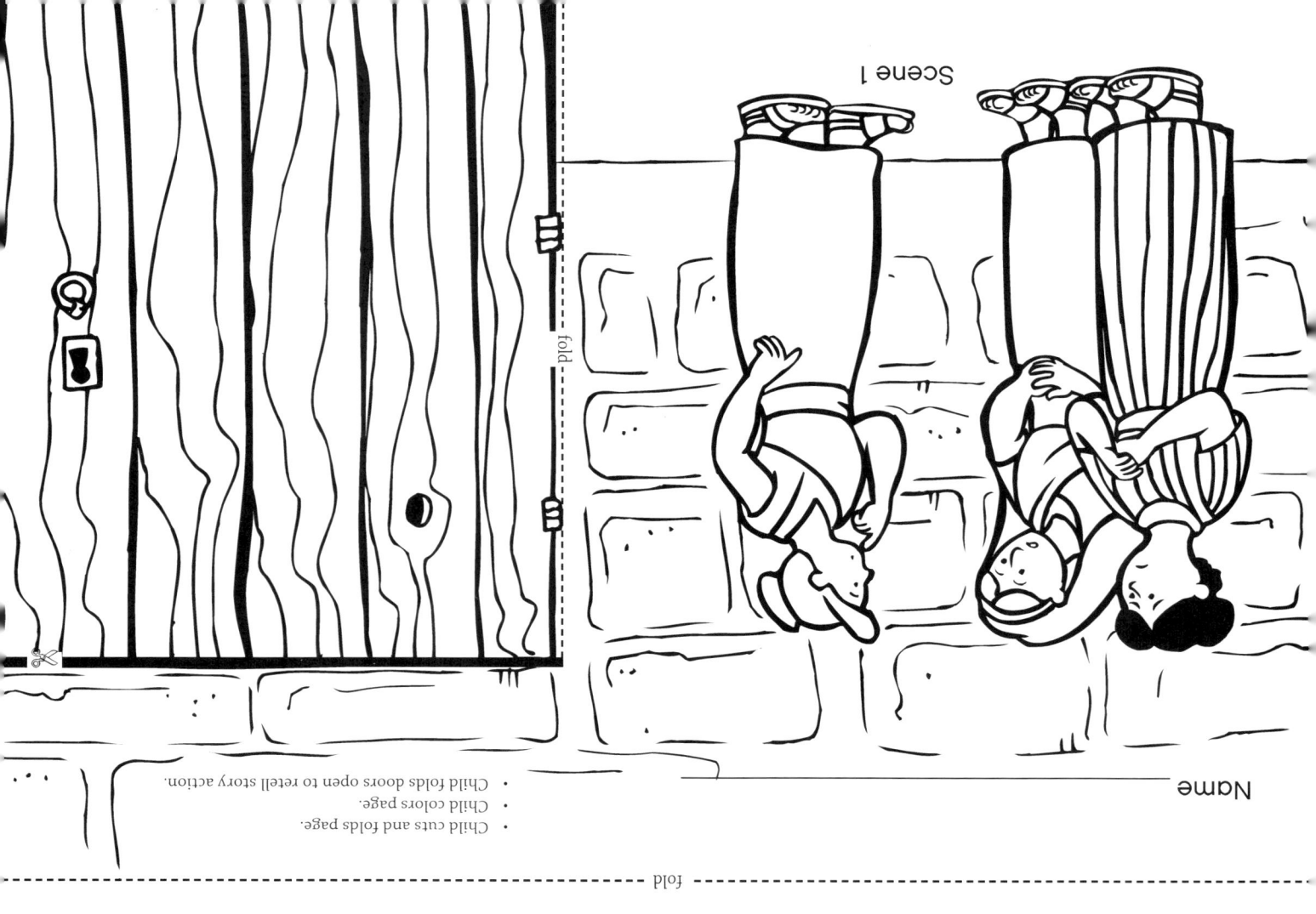

- Child cuts and folds page.
- Child colors page.
- Child folds doors open to retell story action.

Bible Story Activity 46

"Be kind to the poor and you will be happy."

(See Proverbs 14:21.)

Scene 2

- What did Jesus' friends do to be kind to the women?
- What can you do to be kind to others?

2009 Gospel Light. Permission to photocopy granted to the original purchaser only. *The Big Book of Bible Story Activity Pages #1*

© 2009 Gospel Light. Permission to photocopy granted to the original purchaser only. *The Big Book of Bible Story Activity Pages #1*

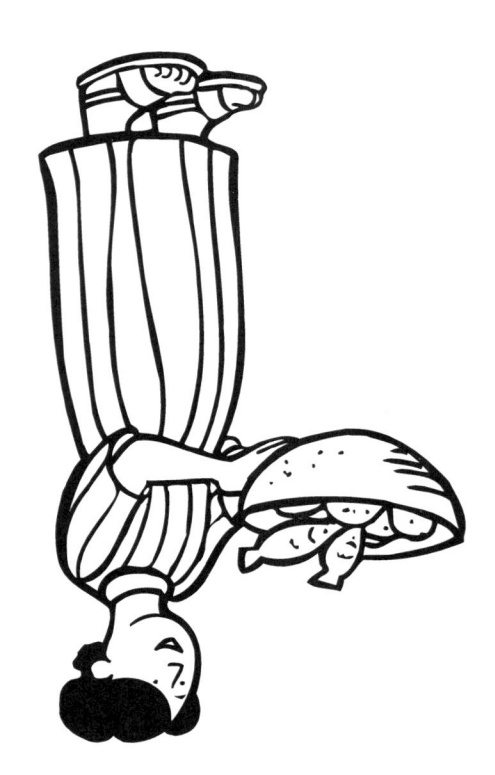

192

Philip and the Ethiopian Acts 8:26-40

An Angel's Message

Philip was one of Jesus' friends. He told many people the good news that Jesus loved them.

One day an angel came to see Philip. (Angels are God's special helpers.) This angel told Philip an important message. "There is a road that goes out of the city," the angel said. "God wants you to go walk down that road." Then the angel left.

Philip did exactly what the angel told him. On the road, Philip saw a chariot being pulled by some horses. (A chariot is a cart to ride in that is pulled by horses.)

A Bible Scroll

Riding in that chariot was a man from a country in Africa. The man was reading some words from the Bible. The words were written on a scroll. (A scroll is like a long rolled-up sheet of paper.) Philip ran up to the chariot. The man kept right on reading. "Do you understand what you are reading?" Philip asked the man.

"No, I don't. I need someone to tell me what the words mean," the man said. Then the man asked, "Will you talk with me about these words?"

Good News

Philip got into the chariot. Together he and the man read the Bible scroll. Philip told the man that the scroll was the good news about Jesus. "God sent Jesus to Earth," Philip might have said. "Jesus is God's Son! Jesus loves you."

The Ethiopian's Baptism

The man was happy to hear the good news that Jesus loves him. The man believed that Jesus is God's Son. The man said, "Look! Here is some water. I want to be baptized." (People are baptized to show that they believe in Jesus.) Philip was glad he could help the man learn about Jesus. Then Philip left the man and went to tell other people that Jesus loves them, too.

Conclusion

Philip was glad to tell the man about Jesus' love. We can tell others the good news about Jesus' love, too. Saying "Jesus loves you" is a way to obey God's Word.

Felipe y el etíope Hechos 8:26-40

El mensaje del ángel

Felipe era uno de los amigos de Jesús. Anunciaba a la gente la buena noticia de que Jesús los amaba.

Un día, un ángel vino a ver a Felipe. (Los ángeles son ayudantes especiales de Dios.) Este ángel tenía un mensaje importante para Felipe. "Hay un camino que sale de la ciudad", dijo el ángel. "Dios quiere que vayas a caminar por ese camino". El ángel se fue.

Felipe hizo exactamente como el ángel le mandó. En el camino, Felipe vio un carro tirado por caballos. (Los carros no tenían motor, eran tirados o halados por caballos.)

Un rollo de la Biblia

En el carro iba un hombre de un país de África. El hombre iba leyendo algunas palabras de la Biblia. Las palabras estaban escritas en un rollo. (Un rollo es una larga hoja de papel enrollada.) Felipe corrió hasta el carro. El hombre seguía leyendo. "¿Entiende lo que está leyendo?" —preguntó Felipe al hombre.

"No, no entiendo. Necesitaría que alguien me explicara lo que significan las palabras", dijo el hombre. Entonces el hombre le pidió: "¿No me explicaría qué significan estas palabras?"

La buena noticia

Felipe subió al carro. Juntos, él y el hombre leyeron el rollo de la Biblia. Felipe le explicó que el rollo era la buena noticia acerca de Jesús. "Dios envió a Jesús al mundo", dijo Felipe. "Jesús es el Hijo de Dios. Jesús te ama".

El bautismo del etíope

El hombre se alegró cuando escuchó la buena noticia de que Jesús lo amaba. El hombre creyó que Jesús es el Hijo de Dios. El hombre dijo: "¡Mira! Aquí hay agua. Quiero ser bautizado". (Con el bautismo, la gente muestra que cree en Jesús.) Felipe se alegró de poder enseñar a este hombre acerca de Jesús. Luego Felipe dejó al hombre y anunció a otras personas que Jesús también las amaba.

Conclusión

Felipe se alegró de contar al hombre acerca del amor de Jesús. Nosotros también podemos contar a otras personas acerca del amor de Jesús. Decir "Jesús te ama" es una manera de obedecer la Palabra de Dios.

¿Qué hizo Felipe para ayudar al hombre que iba en el carro?

¿A quién le puedes anunciar las buenas noticias de Jesús?

Bible Story Activity 47

"Tell the good news about Jesus."
(See Acts 8:35.)

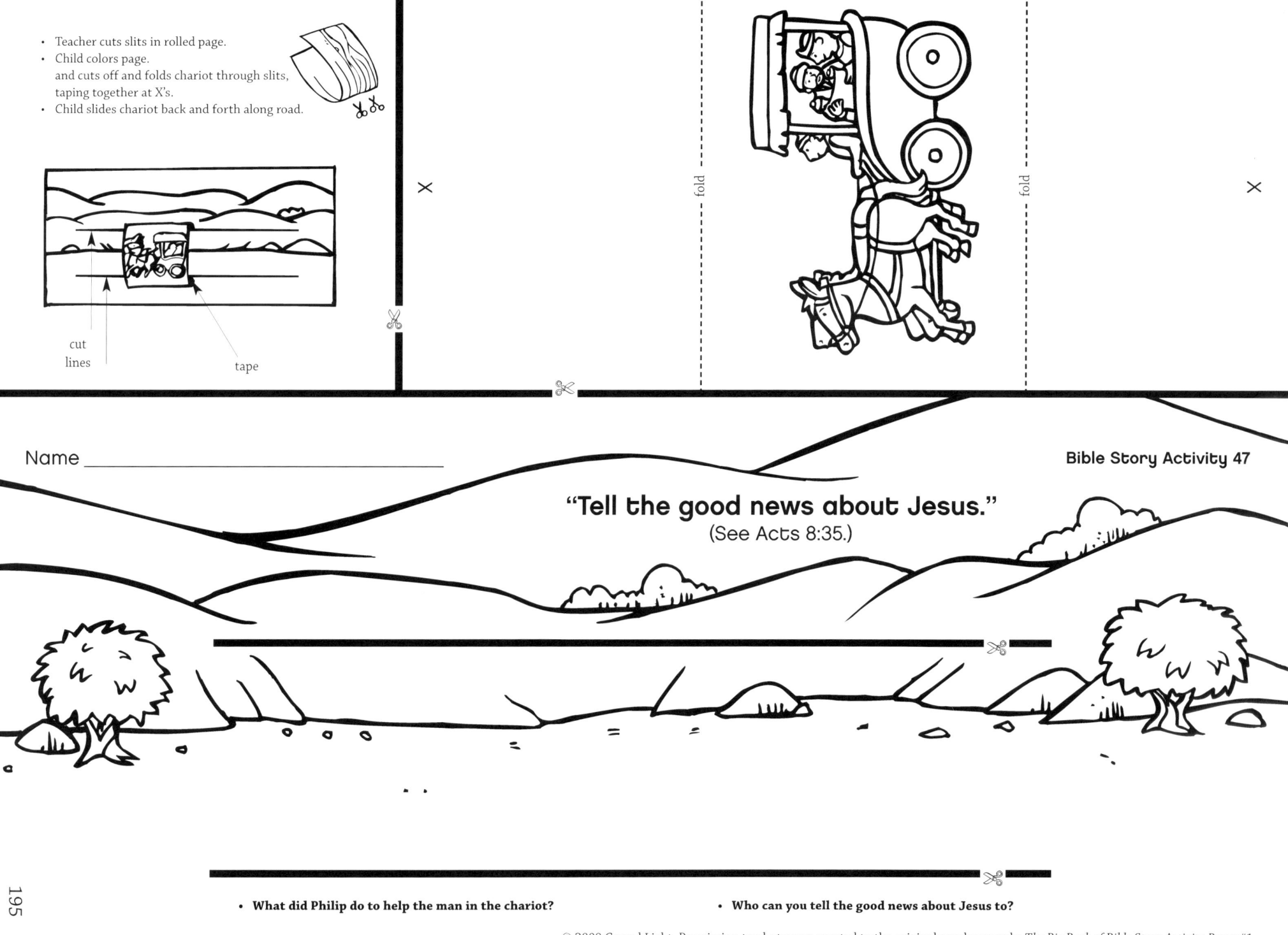

fold

fold

- Teacher cuts slits in rolled page.
- Child colors page.
- and cuts off and folds chariot through slits, taping together at X's.
- Child slides chariot back and forth along road.

tape

cut lines

Name _____

- What did Philip do to help the man in the chariot?
- Who can you tell the good news about Jesus to?

© 2009 Gospel Light. Permission to photocopy granted to the original purchaser only. *The Big Book of Bible Story Activity Pages #1*

195

Paul Meets Jesus Acts 9:1-20

Paul Is Angry

The Bible tells us that many people loved Jesus. But other people did NOT love Jesus. Paul was one those people who were angry that so many people loved Jesus! Paul heard that many of the people who loved Jesus lived in a faraway city. "I will go to that city," Paul said. "I'll stop them from talking about Jesus. When I find people who love Jesus, I'll put them in jail!" So Paul and his friends traveled to the faraway city.

Paul Meets Jesus

On the road near the city, Paul and his friends saw a very bright light. Paul was so surprised! He fell to the ground. The light was so bright Paul could not see ANYTHING! Then Paul heard a voice! "Paul, why are you hurting Me?" the voice asked.

"Who are You, Lord?" Paul asked.

The voice said, "I am Jesus, the One you are hurting." Paul must have been surprised! Then Jesus told Paul to go to the city. Paul's friends helped him walk to the city. For three days, Paul didn't eat or drink anything. Paul still couldn't see. He prayed to God.

Ananias Obeys

While Paul was praying, Jesus spoke to another man in the city. The man's name was Ananias. "Ananias, go to Paul and pray for him," Jesus said.

So Ananias obeyed and went to Paul. Ananias prayed for Paul, and suddenly Paul could see again! Now Paul loved Jesus. Paul wanted to show others that God loved them, too. Paul told others that Jesus is God's Son.

Conclusion

God showed His love to Paul by helping Paul believe in Jesus and by sending Ananias to help Paul. God loves us, too.

Pablo encuentra a Jesús Hechos 9:1-20

Pablo estaba enojado

La Biblia nos dice que muchas personas amaban a Jesús. Pero había otras personas que no amaban a Jesús. Pablo era una de esas personas muy enojadas con toda la gente que amaba a Jesús Pablo oyó que muchas personas que amaban a Jesús vivían en una ciudad lejana. "Voy a ir a esa ciudad", dijo Pablo. "Voy a hacer que dejen de hablar sobre Jesús. Cuando encuentre una persona que ame a Jesús, ¡la pondré en la cárcel!" Entonces, Pablo y sus amigos viajaron a esta ciudad lejana.

Pablo encuentra a Jesús

De camino a la ciudad, Pablo y sus amigos vieron una luz muy brillante. Pablo se sorprendió. Cayó al suelo. La luz era tan brillante que Pablo no podía ver NADA. Entonces Pablo oyó una voz. "Pablo, ¿por qué me persigues?"—preguntó la voz.

"Señor ¿quién eres?"-preguntó a su voz Pablo.

La voz dijo: "Yo soy Jesús, el que tú persigues". ¡Qué asombrado estaba Pablo! Jesús dijo a Pablo que fuera a la ciudad. Los amigos de Pablo lo ayudaron a caminar hasta la ciudad. Durante tres días, Pablo no pudo comer ni beber nada. Pablo tampoco podía ver. Oró a Dios.

Ananías obedece

Mientras Pablo oraba, Jesús habló con otro hombre de la ciudad. El hombre se llamaba Ananías. "Ananías, reúnete con Pablo y ora por él", dijo Jesús.

Ananías obedeció y fue a ver a Pablo. Ananías oró por Pablo, ¡y Pablo volvió a ver! Ahora Pablo amaba a Jesús. Pablo quería mostrar a los demás que Dios también los amaba. Pablo le contó a mucha gente que Jesús era el Hijo de Dios.

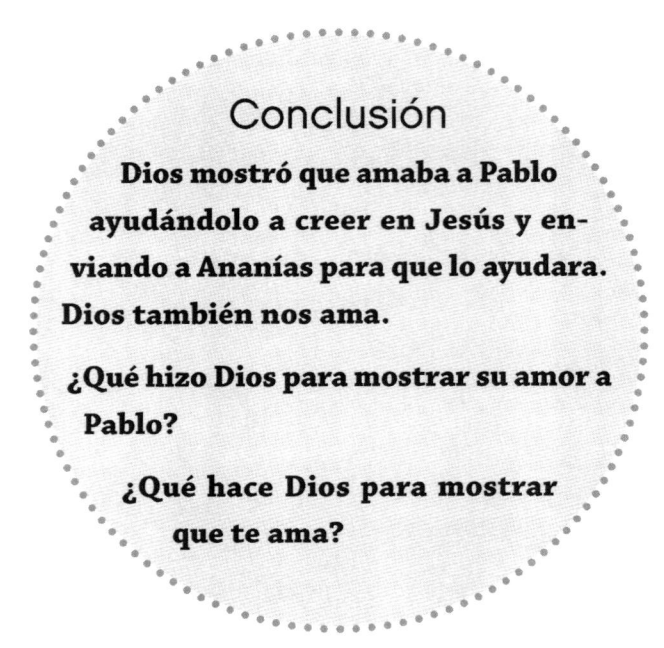

Conclusión

Dios mostró que amaba a Pablo ayudándolo a creer en Jesús y enviando a Ananías para que lo ayudara. Dios también nos ama.

¿Qué hizo Dios para mostrar su amor a Pablo?

¿Qué hace Dios para mostrar que te ama?

Scene 2

"God's love for us is great." (See 1 John 3:1.)

- Teacher prefolds page.
- Child folds page to make a booklet.
- Child colors scenes and uses booklet to retell story action.

- **What did God do to show His love for Paul?**
- **What does God do to show His love for you?**

© 2009 Gospel Light. Permission to photocopy granted to the original purchaser only. *The Big Book of Bible Story Activity Pages #1*

199

© 2009 Gospel Light. Permission to photocopy granted to the original purchaser only. *The Big Book of Bible Story Activity Pages #1*

Scene 3

fold

Name

Scene 1

200

Paul Escapes in a Basket Acts 9:20-28

Surprised People

After Paul met Jesus, he wanted to tell everyone that Jesus is God's Son. Many people were glad to hear Paul talk about Jesus.

Angry Men

But other people were angry! They did not like Paul telling about Jesus. They decided, "We must stop Paul!"

The men decided to watch the gates of the city. They knew Paul would have to come out one of the gates when he left to go home. They wanted to catch Paul and hurt him. But God loved Paul and had a way for Paul to escape the city. And it was not a usual way!

Helpful Friends

One night when the sky was dark, some of Paul's new friends took him to a place where there was an opening in the wall of the city. Paul looked through that opening. It was a long, long way down to the ground on the other side of the wall. That was why Paul's friends had brought a very big basket and a very long rope.

Paul climbed into the basket. His friends tied the long, long rope to the basket. They held on to the rope and slowly and carefully pushed the basket off the edge of the wall. The basket began to drop down, down, down. Paul must have felt a little frightened. But Paul knew that God loved him and would take care of him.

Soon there was a THUMP! The basket was on the ground. And the basket was outside the city wall. Paul climbed out of the basket. He was safe! Paul was glad that friends who loved Jesus had helped him.

Conclusion

God showed Paul how much He loved him. When Paul might have felt afraid about the angry men who wanted to hurt him, God gave Paul good friends to help him. When we feel afraid, God helps us, too. God loves us.

Pablo se escapa en un canasto Hechos 9:20-28

Gente sorprendida

Después de encontrarse con Jesús, Pablo quería contar a todo el mundo que Jesús era el Hijo de Dios. Mucha gente se alegró cuando supo que Pablo hablaba bien de Jesús.

Unos hombres enojados

Pero había otras personas que se enojaron. No les agradaba que Pablo estuviera predicando acerca de Jesús. Decidieron: "¡Tenemos que detener a Pablo!"

Los hombres decidieron cuidar las puertas de la ciudad. Sabían que Pablo tendría que salir por una de las puertas de la ciudad cuando regresara a su casa. Querían atrapar a Pablo y golpearlo. Pero Dios amaba a Pablo y le dijo qué hacer para escaparse. Fue una manera muy rara.

Los amigos ayudan

Una noche, cuando estaba muy oscuro, algunos de los nuevos amigos de Pablo lo llevaron a un lugar donde había un hueco en la muralla de la ciudad. Pablo miró por el hueco. Quedaba muy, muy alto del suelo del otro lado de la muralla. Por eso los amigos de Pablo habían traído un canasto muy grande y una cuerda muy larga.

Pablo se subió al canasto. Sus amigos ataron la cuerda larga, larga al canasto. Sostuvieron la cuerda y empujaron suavemente el canasto por el borde de la muralla. Comenzaron a bajar el canasto, más bajo, más bajo y más bajo. Pabló quizá tuvo un poco de miedo. Pero él sabía que Dios lo amaba y que lo cuidaría.

¡PLAM! El canasto llegó al suelo. El canasto estaba del otro lado de la muralla de la ciudad. Pablo salió del canasto. Estaba a salvo. Pablo estaba contento de tener amigos que amaban a Jesús y lo habían ayudado.

Conclusión

Dios mostró a Pablo que lo amaba mucho. Pabló debió de sentir miedo de los hombres enojados que querían hacerle daño, pero Dios le dio buenos amigos para que lo ayudaran. Cuando tenemos miedo, Dios también nos ayuda. Dios nos ama.

¿Cómo te habrías sentido si te hubieran bajado en un canasto como a Pablo?

¿De qué maneras te ayuda Dios cuando tienes miedo?

Name _____

Bible Story Activity 49

"In God I trust; I will not be afraid."
Psalm 56:4

How would you have felt if you were Paul in this basket?
What are some ways God helps you when you are afraid?

2009 Gospel Light. Permission to photocopy granted to the original purchaser only. *The Big Book of Bible Story Activity Pages #1*

tape | tape
fold
tape | tape

203

- Teacher pokes hole in X on front of page.
- Child colors page.
- Child cuts off basket and Paul figure, folds basket and tapes along sides of basket. Child inserts Paul into basket and tapes string end to back of basket.
- Child inserts other end of string through hole and tapes to back of page. Child lowers and removes Paul from basket when basket reaches bottom of page.

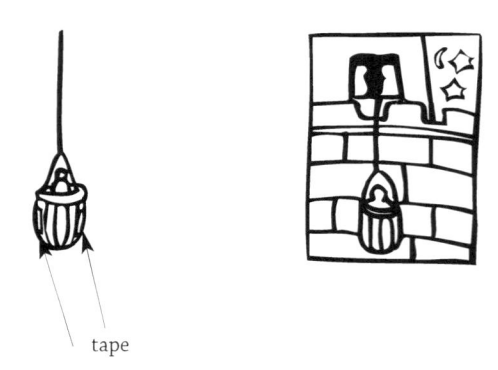

tape

© 2009 Gospel Light. Permission to photocopy granted to the original purchaser only. *The Big Book of Bible Story Activity Pages #1*

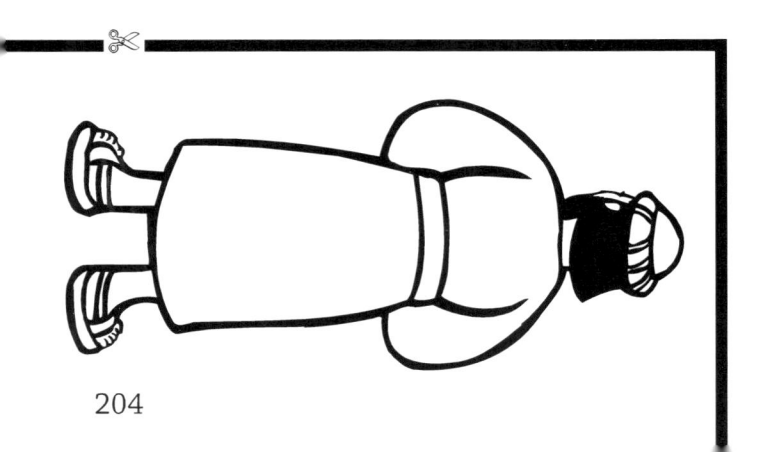

Peter Helps Dorcas Acts 9:32-43

Dorcas Helps Others

Dorcas was a very kind woman. Dorcas loved Jesus. She worked hard to help people. One way she helped was by sewing clothes for people who needed them. Dorcas didn't just help people once in a while or whenever she felt like it. Dorcas helped people all the time. And the people Dorcas helped loved her very much.

Dorcas Dies

But one day Dorcas became very sick. She got so sick that she died. Dorcas's friends were very sad. "Maybe Peter can help us," one of them said. Peter was one of Jesus' friends.

"You're right," another friend may have said. "Let's ask Peter to come here!"

Peter Prays

So right away, two men went to get Peter. They hurried to where Peter was. "Peter! Come quickly!" they said. Peter hurried to Dorcas's house with them. The men told Peter what had happened.

Peter went to the room where Dorcas lay. There were many friends in the room. They were crying! They were sad because their kind friend was dead. The friends showed Peter the clothes Dorcas had made for them. Peter saw how much the friends loved Dorcas. Peter kindly asked the friends to leave the room.

Then Peter prayed to God. After he prayed, he said, "Dorcas, get up!" And Dorcas opened her eyes and got up! God answered Peter's prayer by making Dorcas alive again! Peter called to her friends, and they came and saw Dorcas.

People Are Happy

Dorcas was ALIVE! She'd been dead, but now, there she was—standing and smiling at them! Dorcas's friends were so happy that God had made kind Dorcas live again!

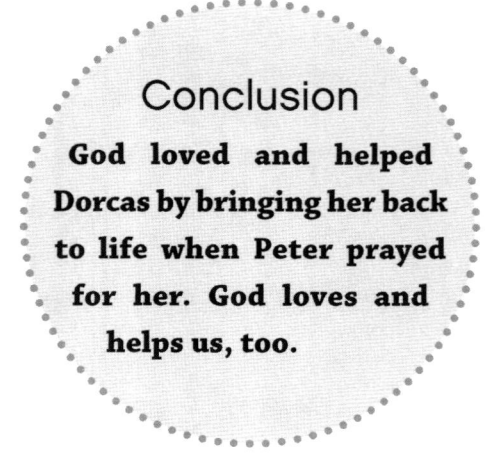

Conclusion

God loved and helped Dorcas by bringing her back to life when Peter prayed for her. God loves and helps us, too.

Pedro ayuda a Dorcas Hechos 9:32-43

Dorcas ayuda a los demás

Dorcas era una mujer muy buena. Dorcas amaba a Jesús. Trabajaba mucho para ayudar a la gente. Ayudaba cosiendo ropa para la gente que necesitaba abrigo. Dorcas no ayudaba a la gente de vez en cuando, o cuando deseaba hacerlo. Dorcas ayudaba a la gente todo el tiempo. La gente quería mucho a Dorcas porque los ayudaba.

Dorcas muere

Pero un día Dorcas se enfermó. Estaba tan grave que se murió. Los amigos de Dorcas se pusieron muy tristes. "Tal vez Pedro nos pueda ayudar", dijo uno de ellos. Pedro era uno de los amigos de Jesús.

"Tienes razón", dijo otro de los amigos. "Vamos a pedir a Pedro que venga".

Pedro ora

Dos hombres salieron en seguida a buscar a Pedro. Fueron a donde él estaba. "Pedro, ven pronto", dijeron. Pedro acompañó a los hombres a casa de Dorcas. Los hombres le contaron a Pedro lo que había pasado.

Pedro fue al cuarto donde estaba acostada Dorcas. Había muchos amigos en el cuarto. Estaban llorando. Estaban tristes porque su querida amiga se había muerto. Los amigos le mostraron a Pedro la ropa que Dorcas les hacía. Pedro vio cuánto amaban a Dorcas sus amigos. Pedro pidió amablemente a los amigos que salieran del cuarto.

Entonces Pedro oró a Dios. Después de orar, dijo: "Dorcas, ¡levántate!" Y Dorcas abrió los ojos y se levantó. Dios respondió la oración de Pedro haciendo que Dorcas volviera a vivir. Pedro llamó a los amigos de Dorcas, y vinieron y la vieron viva ¡otra vez!

La gente está contenta

Dorcas está VIVA. Había muerto, pero ahora... Allí estaba: de pie y sonriendo con todos. Los amigos de Dorcas se pusieron muy contentos porque Dios había hecho que Dorcas volviera a vivir.

Conclusión

Dios amó y ayudó a Dorcas trayéndola de nuevo a la vida cuando Pedro oró por ella. Jesús también nos ama y nos ayuda.

¿Qué hizo Dorcas para mostrar el amor de Dios y ayudar a los demás? ¿Qué hizo Pedro para mostrar el amor de Dios y ayudar a Dorcas?

¿A quién te dio Dios para que te ame y ayude?

Bible Story Activity 50

Name _____

"God will help you." 1 Chronicles 12:18

- Child colors page.
- Child folds page on dotted lines (see sketches on back of this page).
- Child opens flaps to show story action.

- **What did Dorcas do to show God's love and help to others? What did Peter do to show God's love and help to Dorcas?**
- **Who did God give to show His love and help to you?**

© 2009 Gospel Light. Permission to photocopy granted to the original purchaser only. *The Big Book of Bible Story Activity Pages #1*

207

2

1

fold

fold

© 2009 Gospel Light. Permission to photocopy granted to the original purchaser only. *The Big Book of Bible Story Activity Pages #1*

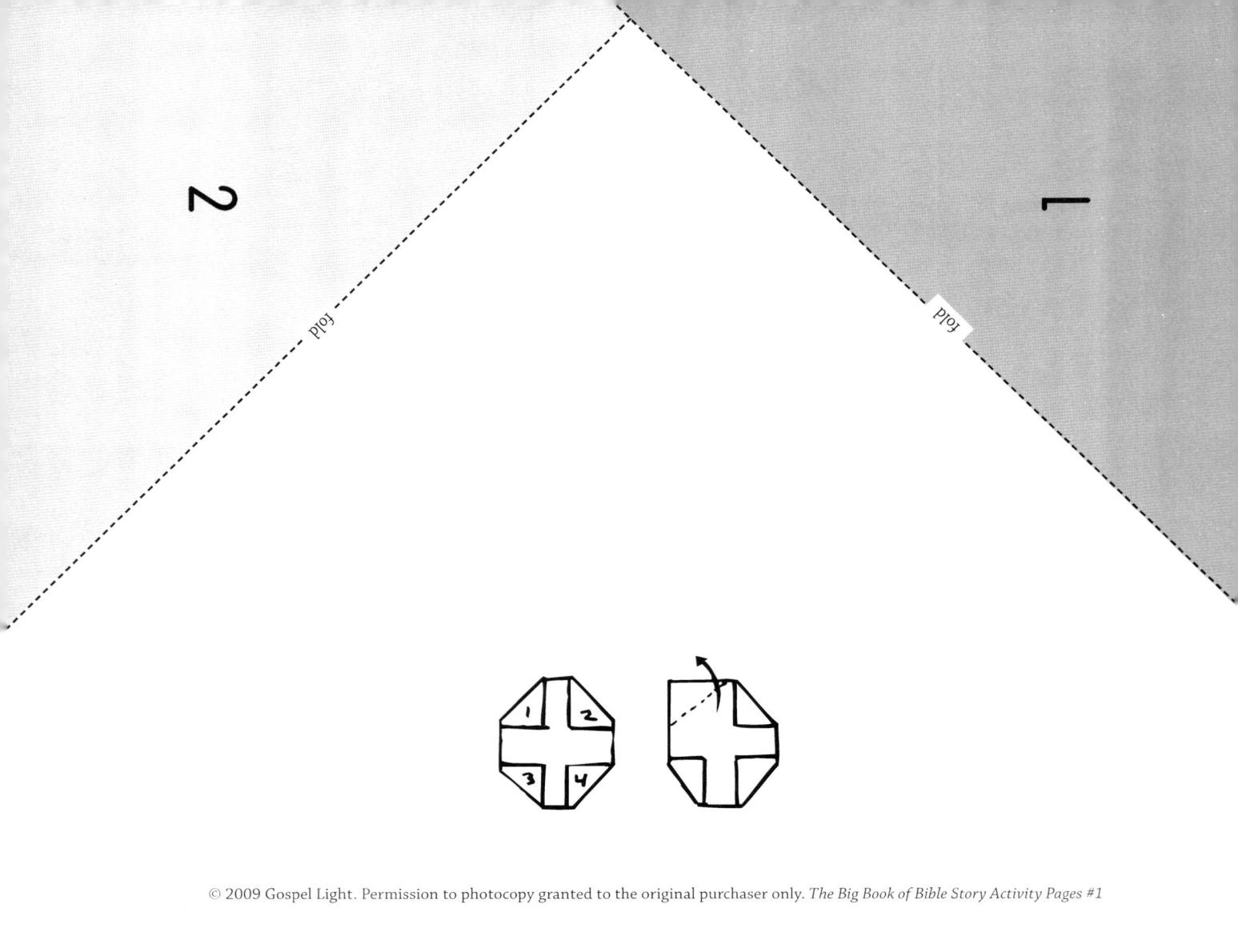

fold

fold

4

3

208

Peter Escapes from Prison Acts 12:1-18

Trouble in Jerusalem

Every day more and more people believed that Jesus is God's Son. But some people wanted to stop Jesus' friends from telling others about Jesus. They even put some of Jesus' friends in jail, even though Jesus' friends had not done anything wrong.

One day Jesus' friend Peter was put in jail. Peter's friends began to pray to God for help. Peter had chains around him. But that couldn't stop God! One night God sent an angel to Peter.

Peter's Escape from Jail

"Quick—get up!" the angel said. Peter looked down. The chains around him fell off his arms! Peter got dressed and followed the angel. The guards were all asleep. The gates to the jail opened. Peter and the angel walked outside into the street. Then the angel was gone!

Peter knew that God had rescued him from the jail! Peter walked right to the house where he knew his friends were praying for God's help. Peter couldn't wait to tell them what God had done!

Friends in a House

Peter knocked at the door. A girl named Rhoda came to answer the knock. Before she answered the door, she asked, "Who is it?"

"It's me!" said Peter.

Rhoda knew that voice! She was so excited she forgot to open the door! She ran back to tell the people who were praying. "PETER is at the door!" she shouted.

Everyone looked up at her in surprise. "Peter? You're wrong," some of them said.

"No!" she said. "It's really Peter!" All this time Peter was still knocking at the door! Finally his friends opened the door. Peter's friends were amazed. God had been with Peter, even in jail. And God had answered their prayers!

Conclusion

God had been with Peter, even in jail. God showed His love in a wonderful way! God loves you, too! He promises to be with you and love you wherever you are.

Pedro se escapa de la cárcel Hechos 12:1-18

Problemas en Jerusalén

Cada día había más y más gente que creía que Jesús era el Hijo de Dios. Pero alguna gente quería que los amigos de Jesús dejaran de hablar a la gente acerca de Jesús. Aun pusieron a algunos amigos de Jesús en la cárcel, aunque sabían que los amigos de Jesús no habían hecho nada malo.

Un día, pusieron en la cárcel a Pedro, uno de los amigos de Jesús. Los amigos de Pedro comenzaron a orar pidiendo ayuda a Dios. Pedro tenía cadenas en los pies y las manos. Pero eso no podría detener a Dios. Una noche, Dios envió un ángel para salvar a Pedro.

Pedro se escapa de la cárcel

"¡Pronto! Levántate", dijo el ángel. Pedro bajó la vista. Las cadenas que tenía en los brazos, ¡se soltaron! Pedro se vistió y siguió al ángel. Todos los guardias estaban durmiendo. Las puertas de la cárcel se abrieron. Pedro y el ángel salieron a la calle. ¡El ángel se fue!

Pedro se dio cuenta de que Dios lo había sacado de la cárcel. Entonces fue directamente a la casa donde sabía que sus amigos estaban orando pidiendo la ayuda de Dios. Pedro no podía esperar para contarles lo que Dios había hecho.

Los amigos en la casa

Pedro llamó a la puerta. Salió a responder una niña llamada Rode. Antes de abrir la puerta, preguntó: "¿Quién es?"

"Soy yo", dijo Pedro.

Rode reconoció esa voz. Estaba tan emocionada que se olvidó de abrir la puerta. Corrió adentro para avisar a la gente que estaba orando. "¡PEDRO está a la puerta!" —gritó.

Todos la miraron sorprendidos. "¿Pedro? No puede ser", dijeron algunos.

"¡No!", dijo ella. "Es Pedro, ¡sí!" Todo este tiempo, Pedro seguía llamando a la puerta. Finalmente sus amigos le abrieron la puerta. Los amigos de Pedro no lo podían creer. Dios había estado con Pedro, aun en la cárcel. Y Dios había respondido a sus oraciones

Conclusión

Dios había estado con Pedro, aun en la cárcel. Dios mostró su amor de una manera extraordinaria. Dios también te ama. Él prometió estar contigo y amarte en todas partes.

Cuando Pedro estaba en la cárcel, ¿qué hizo Dios para mostrarle que lo amaba?

¿A qué lugares te gusta ir? Dios cuidará de ti en todo lugar.

Bible Story Activity 51

"God is with you wherever you go."
(See Joshua 1:9)

Name _____

- Teacher prefolds page.
- Child colors page.
- Child opens and closes doors to retell story.

- What did God do to show His love for Peter in jail?
- Where do you like to go? God cares for you wherever you go.

© 2009 Gospel Light. Permission to photocopy granted to the original purchaser only. *The Big Book of Bible Story Activity Pages #1.*

211

- fold -

© 2009 Gospel Light. Permission to photocopy granted to the original purchaser only. *The Big Book of Bible Story Activity Pages #1*

- fold -

212

Paul Helps a Lame Man Acts 14:8-20

Two Traveling Friends

Paul and his friend Barnabas traveled together. They used their feet to walk from town to town. They told people about God's love.

A Lame Man

Paul and Barnabas came to a town called Lystra. They told the people there about God's love. "Jesus is God's Son," they said. "Jesus helps people." They told the people that God loves everyone. As Paul talked, he looked at one man in the crowd. This man had never walked in his whole life. He was lame. That means his feet didn't work. He couldn't run or jump or even walk.

A Surprised Man

The man was listening carefully to everything Paul said. Paul could see that the man believed in Jesus! And he believed that God could make his feet well and strong!

So Paul said to the man, "Stand up on your feet!"

The man jumped up on his feet. He began to walk. The man may have tried to hop a little and then maybe to run a little. He must have been so happy to use his feet that maybe he twirled a little! His feet were well! God had made the man's feet work!

An Excited Crowd

When the people in the crowd saw the man walking around, they got very excited. They began to shout to each other. The people didn't understand that God had helped the lame man. They thought Paul and Barnabas had made the man's feet well.

Of course, that wasn't true! Paul and Barnabas were just people like anyone else. Paul and Barnabas rushed into the crowd to tell them the truth. They wanted everyone to know it was God who had made the lame man's feet strong and well.

Paul and Barnabas used their feet to walk to other cities to tell others about God's love. They wanted to keep helping people and telling them about God's love.

Conclusion

Paul and Barnabas were glad to help others learn about God's love. We can show God's love to others, too.

Pablo ayuda a un hombre cojo Hechos 14:8-20

Dos amigos viajeros

Pablo y su amigo Bernabé viajaban juntos. Iban a pie de ciudad en ciudad, contándole a la gente acerca del amor de Dios.

Un hombre cojo

Pablo y Bernabé llegaron a una ciudad llamada Listra. Allí le hablaron a la gente acerca del amor de Dios. "Jesús es el Hijo de Dios", dijeron. "Jesús ayuda a la gente". Le dijeron a la gente que Dios ama a todo el mundo. Mientras Pablo hablaba, se fijó en un hombre que había entre la gente. Este hombre no había andado nunca. Era cojo. Eso quiere decir que no podía mover las piernas. No podía correr ni saltar; tampoco podía andar.

Un hombre asombrado

El hombre estaba escuchando todo lo que Pablo decía. Pablo vio que este hombre creía en Jesús y creyó que Dios podía enderezarlo y darle fuerza a sus pies.

Entonces, Pablo le dijo al hombre: "Ponte de pie".

El hombre se levantó de un salto. Comenzó a andar. Quizá trató de saltar... y de correr. Estaba tan contento de poder usar los pies que, tal vez, hasta bailó. ¡Podía mover los pies! Dios había sanado las piernas del hombre.

Una multitud emocionada

Cuando la gente vio que el hombre se había puesto a andar, todos se emocionaron. Comenzaron a gritar. La gente no entendía que Dios había ayudado al hombre cojo. Pensaban que Pablo y Bernabé habían enderezado los pies del hombre.

Por supuesto, eso no era verdad. Pablo y Bernabé eran hombres como cualquier hombre. Pablo y Bernabé se apresuraron a explicar la verdad a la gente. Querían que todos supieran que había sido Dios el que había fortalecido los pies del cojo y lo había sanado.

Pablo y Bernabé usaron sus pies para caminar de ciudad en ciudad y contarle a la gente acerca del amor de Dios. Querían seguir ayudando a la gente y hablarles acerca del amor de Dios.

Conclusión

Pablo y Bernabé estaban felices de poder enseñar a la gente acerca del amor de Dios. Nosotros también podemos mostrar el amor de Dios a la gente.

¿A quién le mostraron Pablo y Bernabé el amor de Dios?

¿A quién le puedes mostrar tú el amor de Dios?

1

2

- Who did Paul and Barnabas show God's love to?

Bible Story Activity Page 52

Name _____

fold second

3

- Who can you show God's love to?

"Jesus said, 'Love each other as I have loved you.'"
(See John 15:12.)

fold first

4

- Teacher prefolds page.
- Child folds and colors booklet.
- Child looks at booklet to review story action.

© 2009 Gospel Light. Permission to photocopy granted to the original

Curriculum Guide

If you are using Gospel Light's *LittleKidsTime My Great Big God*, use this list to find the Bible story activity page that corresponds to the following lessons:

Lesson 1: Baby in a Basket 25

Lesson 2: Escape from Egypt..29

Lesson 3: A Path Through the Sea 33

Lesson 4: A Desert Surprise 37

Lesson 5: Hannah's Prayer 45

Lesson 6: Helping at the Tabernacle 49

Lesson 7: Samuel Listens and Obeys 53

Lesson 8: Samuel Obeys God 57

Lesson 9: David Helps His Family 61

Lesson 10: David Visits His Brothers 65

Lesson 11: David and Jonathan Are Kind 69

Lesson 12: David and Saul 73

Lesson 13: David and Mephibosheth..77

Lesson 14: Mary Hears Good News 113

Lesson 15: Jesus Is Born 117

Lesson 16: Angels Tell the News 121

Lesson 17: Wise Men Give Gifts 125

Lesson 18: Jesus Tells of God's Love 129

Lesson 19: Jesus Stops the Storm 133

Lesson 20: Jesus Heals a Blind Man 161

Lesson 21: Jesus Feeds 5,000 137

Lesson 22: The Forgiving King 145

Lesson 23: The Good Samaritan 149

Lesson 24: The Good Shepherd 153

Lesson 25: The Loving Father 157

Lesson 26: The Greatest of All 141

Lesson 27: People Praise Jesus 165

Lesson 28: Jesus Dies and Lives Again 169

Lesson 29: Thomas Sees Jesus 173

Lesson 30: Jesus Lives Today 177

Lesson 31: The Lame Man Walks 181

Lesson 32: Barnabas Shares 185

Lesson 33: Food for Widows 189

Lesson 34: Philip and the Ethiopian 193

Lesson 35: Paul Meets Jesus 197

Lesson 36: Paul Escapes in a Basket 201

Lesson 37: Peter Helps Dorcas 205

Lesson 38: Peter Escapes from Prison 209

Lesson 39: Paul Helps a Lame Man 213

Lesson 40: Jacob and Esau 9

Lesson 41: An Unfair Trade 13

Lesson 42: Jacob's Tricks 17

Lesson 43: Esau Forgives Jacob 21

Lesson 44: Daniel Obeys God 93

Lesson 45: The Fiery Furnace 97

Lesson 46: The Writing on the Wall 101

Lesson 47: The Lions' Den 105

Lesson 48: Ruth Loves Naomi 41

Lesson 49: Jonah and the Big Fish 109

Lesson 50: Josiah Reads God's Words 81

Lesson 51: Jeremiah Obeys 89

Lesson 52: Nehemiah Helps Build Walls 85

Bible Verse Index

Genesis 28:15	31
Exodus 19:8	111
Deuteronomy 5:27	103
Joshua 1:9	211
Joshua 3:9	55
2 Samuel 22:50	127
1 Chronicles 12:18	207
Psalm 9:11	167
Psalm 31:6	99
Psalm 56:4	203
Psalm 69:13	107
Psalm 86:5	39
Psalm 89:1	131
Psalm 92:1	123
Psalm 116:1	47
Psalm 119:17	91
Psalm 119:33	83
Psalm 145:9	163
Psalm 147:5	135
Proverbs 14:21	191
Proverbs 17:17	71
Daniel 2:23	35
Zechariah 8:16	19
Matthew 22:37	95
Matthew 28:20	179
Luke 2:10-11	119
Luke 11:28	183
Luke 24:34	171

John 15:12	215
John 15:17	151
John 20:28	175
Acts 5:29	59
Acts 8:35	195
Romans 12:13	187
1 Corinthians 13:4	43
Galatians 5:13	63,87,143
Galatians 6:10	75
Ephesians 4:32	79
Philippians 4:19	139
Colossian 3:13	23,159
Colossians 3:23	51
1 Thessalonians 5:15	15
2 Timothy 2:24	147
Hebrews 13:16	67
1 Peter 5:7	27
1 John 3:1	199
1 John 4:7	11
1 John 4:10	115
1 John 4:19	155